ファンダメンタル
法学・憲法

Fundamental Law, Constitution

新田浩司
金光寛之 ［編著］

税務経理協会

はしがき

　本書は，書名に「ファンダメンタル（基本的な・基礎となり）」とあるように初学者が法学と憲法を学ぶ際に基本的な内容をマスターすることを目的として作られたテキストである。とかく法学というと小難しい，言葉が難しいという感想をよく聞くが，本書はそのことを配慮した上で読者が理解しやすいように平易な文章でありかつ本書を読むことにより論理的な思考を構築できるように執筆を心掛けた。特に抽象的な概念を具体的な日常生活にどのように対応するかについては最新の注意を払った。

　また憲法分野については，簡単すぎず難しすぎずを念頭においた上で専門的な内容を説明している。憲法は法律の中の法律とも呼ばれ，すべての法律の基礎となるものとされている。そのため，憲法を学ぶことは法律を学ぶ上でとても重要なことである。

　本書の特徴は，いずれの筆者も実際に教壇に立ち講義を行っている新進気鋭の研究者であり，それらの先生方が実際に講義を行っている際に感じた学生の関心事や重要な論点等を各自の責任の下において思う存分執筆され，各内容についてそれらが随所に反映されていることである。そしてその内容については基本的な概念のみならず，重要な判例および学説も網羅している。

　昨今，法律に関する資格試験が多数存在する。その資格試験対策としては様々な法律を勉強しなければならないが，その導入段階として他の法律の土台となる法学と憲法の知識を得ることは必要不可欠である。また教員採用試験等でも法学と憲法の知識を問う問題が出題されており，法学と憲法の学修は法律に関する資格試験以外でも必要とされている。

　他方，急速な司法改革の下，裁判員制度などの導入により一般市民が法律に触れることが多くなってきた。一般市民が法治国家の一員として法学や憲法などの基本的な法律を学修することが重要視され，今後もますますこのような傾向が継続するであろう。

そのため本書は，初めて法律を学ぶ学生のみならず社会人の人達が　法について基礎的な事柄を学びたいと思ったときに手に取って学べることを狙いとしたものである。

　さて，本書の刊行に当たっては，税務経理協会シニアエディターの峯村英治さんには多大のご尽力をいただいた。峯村さんの協力と督励なくしては，本書は完成しなかったであろう。ここに心から感謝の意を表する次第である。

　また本書の作成に当たり，高崎経済大学地域政策学部金光ゼミナールの鈴木晴詠さんと多賀谷恵里さんにはいろいろとお手伝いをしていただいた。この場を借りて心から感謝する次第と両学姉の今後のさらなる発展を願う所存である。

2013年（平成25年）1月

　　　　　　　　　　　　　　　　　　　　　　　編者　新田浩司
　　　　　　　　　　　　　　　　　　　　　　　　　　金光寛之

目　　次

はしがき

第 1 部　　法学総論

第 1 章　法学を学ぶにあたって（法学を学ぶ者の心得） -- 3

第 1 節　法学教育上の法学の分類 ―――――――― 3
　　1　「法学」とは何か ――――――――――――――――― 3
　　2　法学の各分野 ―――――――――――――――――― 4

第 2 節　社会と人間 ――――――――――――――― 6
　　1　法は社会のルールの一種である－社会規範としての法－ ――― 6
　　2　法の意味するところ ―――――――――――――――― 7
　　3　法は強制規範である ―――――――――――――――― 7

第 3 節　どのように法を学ぶか ――――――――― 10
　　1　法令の目的を知る ――――――――――――――――― 10
　　2　法の支配（Rule of law）とは何か ――――――――――― 12
　　3　法は生きている ――――――――――――――――― 13
　　4　法をどのように解釈するか ―――――――――――――― 15
　　5　法学を学ぶ意味－リーガル・マインドについて ―――――― 16

第2章 法とは何か ―――――――――――――――― 19

第1節 法と社会生活 ―――――――――――――――― 19
1 法とは何か ―――――――――――――――― 19
2 社会の概念と法 ―――――――――――――――― 19
3 規範の概念と法 ―――――――――――――――― 20
4 強要性の概念と法 ―――――――――――――――― 21
5 当為の法則としての規範 ―――――――――――――――― 23

第2節 法と他の社会規範 ―――――――――――――――― 24
1 法概念の形成－社会規範の分化－ ―――――――――――――――― 24
2 法の本質－行為規範性・国家規範性・強制規範性－ ―――――――――――――――― 25
3 法と慣習 ―――――――――――――――― 28
4 法と道徳 ―――――――――――――――― 30

第3節 法の種類 ―――――――――――――――― 34
1 成文法と不文法 ―――――――――――――――― 34
2 実定法と自然法 ―――――――――――――――― 36
3 国内法と国際法 ―――――――――――――――― 37
4 公法・私法と社会法 ―――――――――――――――― 38
5 実体法と手続法 ―――――――――――――――― 39
6 一般法と特別法 ―――――――――――――――― 39
7 原則法と例外法 ―――――――――――――――― 39
8 強行法と任意法 ―――――――――――――――― 40
9 固有法と継受法 ―――――――――――――――― 40

第4節　法の目的 ―――――――――――――― 41
1　法の目的と正義 ――――――――――――― 41
2　法の目的の種類 ――――――――――――― 42
3　法的安定性と正義との根本的矛盾・対立の調整 ――― 45

第5節　法の淵源 ―――――――――――――― 46
1　法の淵源の意味 ――――――――――――― 46
2　制　定　法 ―――――――――――――― 47
3　非制定法 ――――――――――――――― 48

第3章　法の適用 ――――――――――――― 51

第1節　法の効力 ―――――――――――――― 51
1　法の妥当性と実効性および法の効力の根拠 ――― 51
2　法の効力の範囲（法の適用範囲）―――――――― 58

第2節　法と裁判 ―――――――――――――― 63
1　裁判制度 ――――――――――――――― 63
2　裁判にかかわる人々 ――――――――――― 64
3　裁判の特質 ―――――――――――――― 65
4　裁判における法の適用 ―――――――――― 66

第3節　法の解釈 ―――――――――――――― 67
1　法の解釈の必要性 ―――――――――――― 67
2　法の解釈の方法と技術 ―――――――――― 67

第4章　国　　　家 ―――――――――――― 73

第1節　国家とは何か ―――――――――――――― 73

第2節　国家の構成要素 ――――――――――――― 75
 1　領　　　域 ――――――――――――――――― 75
 2　国　　　民 ――――――――――――――――― 76
 3　主　　　権 ――――――――――――――――― 77

第3節　国家の形態 ―――――――――――――― 78
 1　民主制と専主制 ――――――――――――――― 78
 2　君主制と共和制 ――――――――――――――― 80
 3　単一国家と連邦国家 ―――――――――――――― 81

第2部　憲　　　法

第1章　憲法とは何か ――――――――――――― 85
 1　国家と法－国家成立の要件－ ――――――――――― 85
 2　主　　　権 ――――――――――――――――― 86
 3　国　　　民 ――――――――――――――――― 87
 4　領　　　域 ――――――――――――――――― 87

目次

第1節 「憲法」とは何か ―――――――――― 88

第2節 立憲主義とは何か ―――――――――― 88
  1 近代憲法の原則－立憲主義とは何か ――――――― 88
  2 憲法の種類 ――――――――――――――――― 91

第3節 憲法保障 ――――――――――――― 92
  1 意義と方法 ――――――――――――――――― 92
  2 正規的憲法保障 ―――――――――――――― 93
  3 非常手段的憲法保障－憲法に定めのない制度－ ――― 94

第2章　日本国憲法の制定過程 ―――――― 95

第1節 大日本帝国憲法 ――――――――――― 95

第2節 日本国憲法の制定過程 ――――――――― 99

第3章　日本国憲法の基本原理 ―――――― 105

第1節 日本国憲法の前文 ―――――――――― 105
  1 前文の内容 ――――――――――――――――― 105
  2 前文の性質 ――――――――――――――――― 106

第2節　日本国憲法の基本原理 ----- 109
　1　国民主権 ----- 110
　2　平和主義 ----- 112
　3　基本的人権の尊重 ----- 113

第4章　天　　　皇 ----- 117

第1節　天皇の地位と皇位継承 ----- 117
　1　天皇の地位 ----- 117
　2　皇位継承 ----- 119

第2節　天皇の権能 ----- 119
　1　国事行為と国政に関する権能 ----- 119
　2　国事行為の種類と内閣の助言と承認 ----- 120
　3　天皇の公的行為 ----- 121

第5章　国家の安全保障 ----- 123

第1節　憲法前文と平和主義 ----- 123
　1　憲法前文の概要 ----- 123
　2　憲法前文の法的性質 ----- 124
　3　平和的生存権 ----- 125

第2節　戦争放棄－憲法9条の解釈 ---------- 126
　　1　9条の成立過程 ---------- 126
　　2　9条の法的性質 ---------- 127
　　3　戦争放棄条項（9条1項）---------- 127
　　4　戦力の不保持と交戦権の否認条項（9条2項）---------- 129

第6章　基本的人権 ---------- 135

第1節　人権総論 ---------- 135
　　1　人権の意義 ---------- 135
　　2　人権の享有主体 ---------- 136
　　3　個人の尊厳と公共の福祉 ---------- 137
　　4　法の下の平等 ---------- 138

第2節　自由権 ---------- 141
　　1　精神的自由権 ---------- 141
　　2　身体的自由権 ---------- 144
　　3　経済的自由権 ---------- 147

第3節　社会権 ---------- 149

第4節　国務請求権（受益権）---------- 152

第5節　参政権 ---------- 154

第6節　国民の義務 ---------- 155

第7章 統治機関 ―――――――――――――― 157

第1節 国　　会 ―――――――――――――― 157
1　国会の位置づけと活動 ―――――――――――― 157
2　国会の組織構成 ―――――――――――――― 160
3　国会議員の特権 ―――――――――――――― 160

第2節 内　　閣 ―――――――――――――― 161
1　内閣の位置づけと議院内閣制 ――――――――― 161
2　内閣の組織構成と権能 ―――――――――――― 162

第3節 裁　判　所 ―――――――――――――― 163
1　意味と帰属 ―――――――――――――――― 163
2　司法権の独立 ――――――――――――――― 164
3　組織および運営 ―――――――――――――― 165
4　違憲審査制 ―――――――――――――――― 166

第8章 財　　政 ―――――――――――――― 169

第1節 財政に関する原則 ―――――――――――― 169
1　財政民主主義 ――――――――――――――― 169
2　租税法律主義 ――――――――――――――― 169
3　国費の支出および国の債務負担 ―――――――― 170

第2節　予　　算 ································· 172

第3節　予算執行の監督 ····························· 175

第9章　地方自治 ····························· 177

第1節　地方自治の基本原理 ····················· 177
1　地方自治の本質 ································· 177
2　地方自治の本旨 ································· 178

第2節　地方公共団体の意義および組織 ············· 178
1　地方公共団体の意義 ····························· 178
2　地方公共団体の首長 ····························· 179
3　地方公共団体の議会 ····························· 180
4　首長と議会との関係 ····························· 181

第3節　地方公共団体の権能 ····················· 181

第4節　住民の政治参加の仕組み ················· 185

参考文献 ··· 187

索　引 ··· 189

第1部　法学総論

第1章

法学を学ぶにあたって（法学を学ぶ者の心得）

第1節　法学教育上の法学の分類

1　「法学」とは何か

　法学（jurisprudence〔英・仏〕, Rechtswissenschaft, Jurisprudenz〔独〕）あるいは法律学とは，法（law〔英〕, droit〔仏〕, Recht〔独〕）または法律（laws〔英〕, loi〔仏〕, Gesetz〔独〕）に関する学問の総称であり，法は，われわれが守るべき社会の準則（規範）であると考えられる。

　われわれが社会生活を営むためには，法に対する正しい知識が不可欠であるが，もし，法に対する知識がなければ自らの権利を主張できない場合も起きてしまう。例えば，土地を購入した人が登記（一般には権利関係などを公示するため法務局・登記所に備える登記簿に記載すること，または，その記載のこと）を怠ると，他人に土地を取られてしまうかもしれない。

　法に対する正しい知識を得ることは，個々の条文を知るだけでなく，法全体に対する正しい考え方を体得することでもある。

　ところで，法学は，19世紀ごろまでは，'法解釈学' とほぼ同義であったが，現在は法を対象とする様々な法分野が形成されている。

　法学は，実際の問題への適用を前提として実定法に関する研究を行う '実定法学' と法に関する基礎的研究を行う '基礎法学' に分類される。

　実定法（ius positivum, positives Recht）とは，現に行われている法（現行法）あるいは，人為的に定立された法（人定法）を言い，自然法に対する概念であ

る。自然法は，人間や事物の本性を基礎とし，すべての時代，すべての場所に適用される永久不変の法である。

2　法学の各分野

　法学は，研修対象となる法の内容により，いくつかの部門に分類される。憲法学，行政法学，刑法学，民法学，訴訟法学，商法学，国際法学，労働法学，経済法学などである。

　また，学問的研究の差異により，以下のような部門に分類される。

　実定法とは，現に存在する法のことであり，その国家の制定法や慣習法などが法源（法の存在形式）となる。「基礎法学」は，この実定法学を補う学問であると位置づけることができる。「法史学」や「比較法学」は，歴史的・地理的比較の中に対象となる実定法（例えば，日本国における日本法，アメリカ合衆国におけるアメリカ法）を研究することにより，実定法を客観的に把握にすることが可能となる。

　歴史的な流れから言えば，法解釈学は，さらに法哲学や法史学が独立し，その後，法社会学や比較法学が登場する（これらを，日本では「基礎法学」と総称している。）

① 法解釈学

　法学の中で最も古い歴史をもつ分野であり，実定法の内容を明らかにすることを目的とする学問である。

　実定法の規定の意味内容を体系的に解明することによって，その規範としての機能を発揮させ，裁判をはじめとする法的実践に奉仕することを目的とする。実用法学あるいは解釈法学とも言われる。

② 法哲学

　法哲学は法解釈学とともに古い歴史を持つ。一般的に法や法現象に関する基本問題を哲学的に考察する学問分野であると解される。法哲学は，実定法の構造，実定法の理念や目的を究明し，法学の方法論が確立することを目的とする。法理学ともいう。

③ 法 史 学

過去の法制度，慣行及び法観念，法思想などを研究する学問であり，さらに，日本法制史やドイツ憲法史のように，特定の国家・民族における法の歴史を研究する個別法史学と，各国家や民族の方の比較研究を目的とする比較法史学に分けられる。法制史学ともいう。

④ 比 較 法 学

複数の法秩序及びそれらを構成する法制度を比較することにより，法の認識や改善を目的とする。あるいは，各国の法を比較することによって，各国の法を対比させて考察する。法比較学ともいう。

⑤ 法 社 会 学

法は政治や経済のみならず，道徳，宗教，慣習，文化などと密接に関連し，相互に影響を及ぼし合っている。法がどのように現実に作用しているか，人々が現実にどのように反応しているのかについて，社会学的方法を用いて分析して明らかにすることによって，法の生成・変化・発展等に関する社会法則を解明し，立法や現行法の運用の改善に応用することを目的とする。

⑥ 法 政 策 学

立法政策が主な研究対象とする。法学の視点から，社会の様々な問題についてその背景や情報を収集・解析することによって，よりよい法制を確立する手段や方法を見出すことを目的とする。立法政策学ともいい，刑事政策学や比較立法学がこれに含まれる。

⑦ そ の 他

他に，「法人類学」，「法理論学」「法コンピュータ学」など様々な新領域が生まれており，近年，アメリカ合衆国において，法制度を経済学的側面から検討する，法と経済学（law and economics）と呼ばれる領域が唱えられている。これは，経済学の中でも，ミクロ経済学・ゲーム理論（theory of games）の観点及び手法を利用して，法的理論を分析，再解釈しようとするものである。

第2節　社会と人間

1　法は社会のルールの一種である－社会規範としての法－

　われわれは，人間は，社会の構成メンバーである。ダニエル・デフォー（Daniel Defoe, 1660-1731）の小説の主人公である，ロビンソン・クルーソーのような離れ小島にたった一人で生きる人は，勝手気ままに生きることができるが，普通は多くの人々が社会で共同生活を営んでいる。

　オットー・ギールケ（Otto Friedrich v.Gierke, 1841-1921）は，「人の人たる所以は人と人との結合にあり」と述べている。人々が自己の人格を意識すると共に他人の人格を尊重することにより，共同生活を営むことこそ，まさに「人の人たる所以」であるといえよう。その共同生活を営む場が社会である。

　われわれは，地域社会，市町村や都道府県，国，あるいは大学などの教育機関，ボランティア団体，会社，宗教団体など，いろいろな社会があり，それら様々な社会のメンバーである。この社会には，地縁や血縁などの共同社会（ゲマインシャフト，Gemeinschaft）や企業などの利益社会（ゲゼルシャフト，Gesellschaft）に分けられる。そして，価値観の異なる多様な人間で成り立つ社会においては，放っておけば，いさかいが多発してしまうおそれがある。例えば，夫婦は最小の社会であると言われているが，そのような夫婦間においても争いごとは絶えず，それを放置すれば，やがて夫婦関係は破綻してしまうかもしれない。

　われわれが社会で生きていくためには，そして，争いごとを回避するためにこそ，その社会のルールを守らなければならないのである。この社会のルールのことを社会規範と呼ぶ。社会規範には，道徳，宗教，慣習などがあり，人間の社会的行動を規律し，社会秩序を維持している。法もまた社会規範である。

　「社会あるところ，法あり（Ubi societas, ibi ius.）」という法格言（法諺）は，法と社会との関係において，法は社会生活の秩序を正しく維持するために必要

な行為の基準であることを意味し，どのような社会でも，その社会のルールによって維持されているという，法と社会との相対的観念を言い表しているといえよう。

ところで，近代国家においては，地縁や血縁による村落共同体による結合が希薄になり，多様な人間で構成する社会になるに従い，様々な社会規範の中でも特に法規範の重要性が増大している。社会生活が複雑化し，人々が勝手気ままに生活すれば，法支配の分野はますます拡大するのは必然といえよう。

2　法の意味するところ

法にはいくつかの意味があるが，法学における法は，第一に，「かくあらねばならない」という，当為（sollen〔独〕, ought to ～〔英〕）の在り方を意味する。これは，自然法則のように，存在（sein〔独〕, being, existence〔英〕）する事柄の必然的関係を意味するものではない。第二に，単なる道理は社会規範となりうるが，法そのものではない。法とは，国家によって制定・承認され，それを遵守することが国家権力によって強制されるものである。

憲法や民法のような成文法のほかに，慣習や判例などの不文法もすべて法である。なお，法と法律という用語は似ているが，使い分けに注意しなければならない。つまり，法律は，厳密には国家の議決によって成立する法規をいい，法律は法よりも狭い概念なのである。

3　法は強制規範である

法には法の要求するところの目的を実現するために，国家権力により遵守が強制される社会規範である。強制力が具備されることにより，違反者に対しては一定の制裁がなされる。この力による強制を法的強制と呼ぶ。例えば，刑法の条規に違反すること，裁判によって刑罰が課せられる。時には極刑（死刑）が言い渡される場合もあるのである。

イェーリング（Jhering, R.v. 1818-1892）は，「法的強制を欠いている法規はそれ自体が自己矛盾であり，燃えない火，輝かない光というに等しい」と述べ

ている。法の生命は「強制」にある。物理的強制力の裏付けを持たない法は，実効性を欠く。それが他の社会規範，特に道徳との違いである。

　もっとも，すべての法が強制力を持っているものではない。また，強制力についても，法規範の種類によっては，強弱の差があり，法に違反した場合に加えられる制裁にもいろいろな種類がある。例えば，刑法の条規に違反した者に対しては，死刑，懲役，禁錮，罰金，拘留，科料，没収が課せられる（刑法9条）。民法709条は，他人の権利や法律上保護される利益を侵害して損害を与える行為（不法行為）を犯した者に対して，損害賠償責任を課している。

　では，個の強制力は何を基礎として認められるのだろうか。その根拠については，様々な考え・思想があるが，そのいずれが正しいということは断定できない。しかしながら，少なくとも法は正義を基礎とするものでなければならない。そうでなければ，法は権力者の道具となり，権力が暴力に堕してしまうことになる。

　ところで，道徳などの社会規範においても制裁を伴う掟（おきて）や村八分（むらはちぶ）など，一定の強制力を持つものがある。

　例えば，電車の中での携帯電話での通話や化粧は，道徳的に非難されるが，違法ではない。つまり，規制する法令（法律と命令）が存在しないのである。だが，道徳的には，「マナー」違反と言うことにはなる。

　スポーツにも制裁措置があり，強制力を持つ。ルール違反者に対しては，サッカーであれば，イエローカードやレッドカードが手交され，違反が続けば退場させられる。

　なお，スポーツに関するトラブルについては，国際オリンピック委員会によって1984年設立されたスポーツ仲裁裁判所Court of Arbitration for Sport, CAS）が，仲裁を行う。もっとも，これは，裁判所ではなく，スポーツ界の枠内で解決をめざすことを目的とした一審制の仲裁機関である。

　あるいは，試験中にカンニングが見つかった学生に対しては，学則違反となり，大学当局による停学などの懲戒処分がなされる。あるいは，宗教上の戒律を破った信者は，破門されてしまう。

【村八分】

　村八分とは，村落共同体で，村落の規範（掟：おきて）を犯した者及びその家族を村落の共同生活から排斥することである。これにより共同行為のうち，葬式と消火活動（二分）以外の一切の交流を絶つ。共同絶交ともいう（ちなみに，残り八分は，成人式，結婚式，出産，病気の世話，新改築の手伝い，水害時の世話，年忌法要，旅行である）。この村八分は，経済的・心理的な一種の私的制裁なので，法的には違法である。刑法上は，名誉に関する害悪の通告であるので脅迫罪（刑法222条）に該当し，また，民法上は，村八分を受けた者の社会生活上の自由を妨げ，名誉を害するものであり，不法行為（民法709条）であるとされる。1909年の大審院判決においても，村八分は脅迫あるいは名誉毀損とされている。しかしこのような村八分行為は，最近でも行われている。

　2004年に新潟県岩船郡関川村沼集落で村八分事件が発生した。これは，お盆のイワナのつかみ取り大会への不参加を申し出た11戸の村民に対して，集落の有力者が，集落の共同山林での山菜採りやゴミ収集箱の使用を禁じた。これに対して，村八分を受けた村民が，村八分の停止と慰謝料の支払いを求めて有力者らを提訴した。新潟地裁新発田支部では有力者側に不法行為の禁止と計220万円の損害賠償を命じた。有力者側が東京高裁に控訴したが，東京高裁も2007年に地裁の判断を支持し，控訴を棄却した。

第3節　どのように法を学ぶか

1　法令の目的を知る

　法は，われわれが社会生活を営む上での準則，つまり，守るべき法則であり，われわれはそれら準則の制定目的を知り，それに従い生活していかなければならない。それは，われわれが外国を旅行する際にも心得なければならないことであり，その国にはその国の文化や伝統あるいは宗教に根ざした法規範が制定されている。われわれが生活するためには，絶えず様々な法規範を意識していかなければならない。われわれは，知らず知らずのうちに，罪を犯してしまう可能性がある。例えば，日本では成人の飲酒は禁止されていないが，飲酒が禁止されているイスラム教国での飲酒行為は犯罪となる。

　あるいは，犯罪の被疑者，容疑者にされてしまう可能性がある。後を絶たない冤罪（えんざい）事件は，普通に暮らしている人々が，ある日犯罪者とされてしまう恐ろしさを思い知らされる。あるいは，知らず知らずに法を犯してしまった場合，法を知らないからと言って無罪になるわけではない。権利があるにも拘らず，それを行使しない者，それを知らない者（眠る者）に対しては，法律は何等の手助けもしないのである。「法は権利の上に眠る者を保護しない」のである（古代ローマの法諺）。

> **【冤罪（えんざい）】**
> 　冤罪は，無実であるにもかかわらず犯罪者として扱われてしまうことを指す。
> 　例えば，足利事件は，1990年5月12日，栃木県足利市で4歳の女児遺体となって発見された事件。犯人として誤認逮捕，起訴され，実刑が確定して服役を余儀なくされたSさんは，再鑑定により遺留物のDNA型が一致しないことが判明し，再審で無罪が確定した冤罪事件。

個々の法令には，通常はその法令の使命や役割が示されているが，これが立法者の意図する法の具体的な目的である。例えば，刑法は，犯罪や刑罰に関する法だが，犯罪の防止し，個人を不法な侵害から守り基本的人権保障を全うすることによって，社会秩序を維持すること等がその目的である。また，民法は，私人の日常生活（社会生活）に関する法であり，主に私人の財産や家族関係を規律することを目的とする。

また，目的を持つそれぞれの法が，社会全体の法秩序を形成しているが，この法秩序全体も目的（理想）を持つ。法秩序全体の目的は，個人を尊重する基本的人権と公共の福祉，換言するならば，個人の利益と社会全体の利益をいかに調和させるかである。その目的の要素として，社会に法的安定性をもたらすことと正義（具体的妥当性）の実現がある。

法は社会生活の基準であり，これにより社会の秩序が維持される。法によって規律されることにより，人々の社会生活の安定性は確保され，人々は安心して生活することができる。法による生命，財産，自由についての社会生活の安定性の確保を法的安定性（法的安全）といい，法の主目的とされる。

法的安定性が維持されるためには，法が明確であること，法がむやみに変更されないこと，法が実際に行われること，法が人々の意識に合致することが必要である。

正義（具体的妥当性）も，法の目的の一つである。正義の理念を欠く法は，法としての価値を消失してしまい，実力の支配する，単なる暴力となってしまう。実力が法を作るのであるが，その結果権力者の利益になる，都合の良いものになりがちである。それゆえ，法は権力者の利益に寄与するだけでなく，正義がなければならない。

法の目的は，法的安定性の創出と正義の実現であるが，これらは，しばしば対立する。正義と平等は不即不離であり，法は平等に適用しなければならない。しかしながら，法は必ずしもその内容が正義と合致するものでもない。そもそも正義の概念が多様であり，各人が各々の正義の観念に基づき行動すれば，法的安定性は保たれなくなってしまう。では，法的安定性と正義のどちらを優先

するのか。法が正義に欠ける，いわゆる悪法でも，法的安定性を優先する場合もあり，つまりは，具体的な場合に即した判断が求められるのである。

　法的安定性と正義の実現という法の目的を満たせば，社会は安定したものとなるはずである。しかし，合法的に成立した法が，結果的にわれわれの生活を脅かす場合もある。ここにいわゆる悪法の問題がある。5代将軍徳川綱吉の作った'生類憐みの令'や，戦前の人権弾圧に寄与した治安維持法などが悪法の例であるが，われわれは，法の運用に目を開き，新たに制定されようとしている法令法についても注目し，人権を侵害する恐れや社会生活を脅かすおそれの立法についても注目していかなければならない。

2　法の支配（Rule of law）とは何か

　かつて，ヨーロッパの絶対王政時代においては，君主が恣意的な政治を行っていた。君主という一人の人間が国民を支配し専制的な政治を行うような政治状態を「人の支配」と呼ぶ。もし，君主が権力をわがもの顔で行使し悪政を行えば，国民は人権が保障されず，虐げられてしまう。

　国家権力の行使は，国民の意思を反映する法に基づいてなされるべきである。為政者も国民も同じように法を守らなくてはならない。その審査を行うのは裁判所である。これを「法の支配（Rule of law）」と呼ぶ。「人の支配」に対抗する概念であるが，それはイギリスで生まれ，現代国家の憲法にほぼ一様に採用されている。

　ダイシー（Albert Venn Dicey, 1835-1922）によれば，「法の支配」は以下の内容を持つものとされる。つまり，①専断的権力の支配を排した，基本法の支配であること（「人の支配」の否定），②すべての人が法律と通常の裁判所に服すること（法の前の平等，特別裁判所の禁止），③具体的な紛争について，裁判所における判例の集積が基本法の一般原則となること，である。

　国民の意思を反映する法とは，国民の代表者で構成される議会の立法による法であり，これを根拠に，裁判所が事件を裁くのである。

　日本国憲法も「法の支配」の考え方を取り入れている。すなわち，41条（国

会の地位），76条（司法権の機関と裁判官の職務上の独立），81条（最高裁判所の法令審査権），98条（憲法の最高性と条約及び国際法規の遵守）である。

> 【法の支配と法治主義との相違及び類似点】
> 　大陸法，特に近代ドイツ法学に由来する概念である法治主義は，議会の制定する法律に基づいて，行政権や司法権の発動が行わなければならないとする。国民の代表者で構成する議会の制定する法律によって，行政権・司法権を拘束し，国家権力から，国民の権利，自由を保護する。
> 　英米法の「法の支配（rule of law）」は，その理念として法の内容の実質的適正を重視するのに対して，「法治主義（法律による行政の原理, Prinzip der gesetzmaessigen Verwaltung）」は，これを重視せず，いわゆる形式的法治主義を重視するに留まるとされてきた。法治主義においては，形式的な形態を具えておれば悪法でも法となってしまう恐れがあった。しかし，今日では，法治主義も法律の内容的適正をも要求する実質的法治主義を採ると考えられており，法の支配と法治主義の概念は接近しているといえよう。

3　法は生きている

　社会の変遷により法もまた変化している。かつては，道徳などで，抑制されていた行為が法により，禁止される場合がある。例えば，歩き煙草が条例で規制されたり，飲酒運転の多発化に伴い罰則強化がなされたりする。逆に，変化の著しい現代社会においては，人間関係なども代わり，そして，そこに住む人々の意識も変わってくる。

　特に，憲法の規定する個人主義（13条）や法の下の平等（14条）などが理解され，民主主義的倫理観が人々の意識の中に定着するようになると，それまでの封建的倫理観は古い時代遅れのものとみなされてしまう。

　例えば，儒教的な親孝行の観念に基づく尊属殺重罰規定が，法の下の平等に反し違憲であるとの最高裁判決により，旧刑法200条が削除されている。

あるいは，医学の進歩により有効な治療方法が確立することにより，長らくハンセン病患者の人権を侵害してきた，らい予防法が廃止されたりした。

そして，考えも及ばなかったような新しい問題が次々に発生する。それらに対処し，新たな法が制定されたり，社会の変遷に伴い，既存の法が改正され，あるいは廃止される。このように，法は絶えず変動しているのである。

【歩きたばこ禁止条例】

2006年成立した，安全で快適な千代田区の生活環境の整備に関する条例（千代田区生活環境条例）は，路上の歩きたばこを禁止する全国初の条例である。違反したら2千円の過料が科せられる。

【旧らい予防法】

1907年に癩予防ニ関スル件が制定されて以降，ハンセン病に対して，強制的な隔離政策が続けられ，人権侵害が継続されていた。らい予防法は，1953年に，らい（ハンセン病）の予防及び，らい患者に対する適正な医療の普及を図ることによって，らいが個人的にも社会的にも害を及ぼすことを防止し，もつて公共の福祉を増進することを目的として制定された。

同法は，1996年に廃止され，強制隔離された患者に対する医療の継続や生活の保障を定めた，らい予防法廃止に関する法律が同年に制定された。

【尊属殺人】

旧刑法200条は，尊属（祖父母・両親・おじ・おばなど親等上，父母と同列以上にある血族）を殺した者は，通常の殺人罪（刑法199条）より重いものであった。しかし，最高裁は，このような過度の加重規定は違憲であるとされた（最大判昭和48年4月4日判決）。

4　法をどのように解釈するか

　法を実際に適用・執行するためには，'法の解釈（interpretation of law）'が必要となる。ところが，様々な事件に対処するために，法は一般的抽象的な形で規定されている法文が抽象化されており，法文は難解であり解釈も難しい。

　法の目的を明確にし，人々に親しみやすくするためには，法律の用語，文章が正確かつ平易であること必要である。国民が裁判に参加する裁判員制度も始まっており，人々が法に親しみやすくするために，法典の難解な法文を簡潔に，判りやすくするための作業が行われている。第二次世界大戦後，法律の口語化が実施され，句読点が打たれたり，新仮名づかいに改められたが，戦前に作られた法令は，すべて漢文調であったので，法文における語句の言い換えと平易な文体の採用を目的として，民法典，商法典，刑法典の改正が行われた。

　しかしながら，法文が口語化・現代語化されても，その内容を正しく理解するためには，それなりの姿勢が人々に求められる。法文の解釈にあたっては，後述する法解釈の方法に従った客観性を持って行うことが求められる。理屈をこねまわすような勝手な解釈は避けなければならない。

　「良き法律家は悪しき隣人であるという」法諺（ほうげん）があるが，そのようなことのないように法律家のみならず国民すべてが自戒しなければならない。

【法典の現代語化】

　民法典の可読性を向上させるために，民法口語化作業が進められ，語句の言い換えと平易な文体の採用を目的とした。2005年に現代語化された新たな民法典が施行された。言い換えの例として，事跡が事由に，取消し得べき行為が取り消すことができる行為に，意思の欠缺が意思の不存在に，毀滅するが滅失させ（若しくは損傷させる）に，毀損が損傷に，木戸銭が入場料に変更されている。

　刑法典も同様な改正が行われ，表記の平易化を中心として口語体が採用された。言い換えの例として，誣告罪（ぶこくざい）が虚偽告訴罪に，臟物罪（ぞうぶつざい）が盗品等関与罪に，蔵置が納めるに変更されている。

　商法典も2005年に改正されたが，この改正は，字句や文体のみならず，合同会社の新設や会計参与の設置など実質的な変更点を多く含んでおり，商法現代化と呼ばれる。現在（2008年）なお現代語化されていない法典には，手形法・小切手法，国税犯則取締法などがある。

【法諺（ほうげん）】

　法諺（ほうげん）とは，法律に関する格言（法格言）やことわざのことである。ドイツ語でRechtssprichwoerter，英語でlegal maximsという。

5　法学を学ぶ意味－リーガル・マインドについて

　われわれの生活は，様々な領域で法とかかわっている。新聞を読んだり，テレビを見れば，日々様々な事件が起きており，現在行われている各種の裁判の様子を知ることができる。そして，自らが当事者となる可能性もある社会に生きている。法令が自らを救うことも逆に自らを滅ぼすこともある。法に関する知識は，現代社会においては，全ての国民が身につけていなければならない常識と言えよう。

　法律を知らなくても生きていける，というようなのどかな時代ではないのである。かつて，為政者は，「子曰く，民は之に由らしむべし，知らしむべから

ず（論語泰伯篇）」として，人々に対しては法の内容を知らせず，人々はただこれに服従すれば良いと考えていた。しかしながら，人々が法を守るためには，人々が法の内容を良く認識しなければならない。法は為政者のためだけにあるものではなく，人々の生活や権利を守るためのものでもある。

　2009年5月から導入された裁判員制度は，重大な刑事裁判に国民が参加するものであり，国民から選ばれた裁判員が職業裁判官と共に裁判を行う制度である。この制度により，国民が法になじむことが期待される。

　法文とその言葉の意味を知るためには，法律的な物の考え方（legal mind）が重要である。つまり，①物事を感情的にではなく，冷静に論理的に筋道を立てて考え，判断を下して行くことのできる心構え，②その判断が概ね一般常識によって認められうる程度の大局的見地に立った公正中立なものであり得るものである。

　ある事件が発生した場合，感情的にその事件を捉えるのではなく，それはどのような法律に触れるのか，そして，該当する法律の立法目的を踏まえ，その法律をその事件に当てはめた場合，どのような処置をすれば良いのかと考えるのが，法律家の採るべき考え方である。そして，裁判員制度が開始された現在においては，法律的な物の考え方は，国民が身につけなければならない常識であるといえよう。

第2章

法とは何か

第1節　法と社会生活

1　法とは何か

　法とは規範である。より詳しく述べると法とは，社会秩序に関する規範である。

　社会とは，複数以上の人間が相互にかかわりのある集合体である。社会秩序とは，社会活動の集合体である。これに対して規範とは，社会秩序を維持するために人を拘束する強要性をもった決まりのことである。

2　社会の概念と法

(1)　全体社会と部分社会

　法は社会秩序を対象とする。社会とは簡単にいえば「人の集まり」である。人と人とが円滑な関係を維持していくには秩序が必要でその秩序を支えるのが法である。人の集まりの一番小さいものは，人が2人の場合である。

(2)　全体社会の規範と部分社会の規範との関係

　全体社会と部分社会が複合的に存在し，それぞれの社会ごとに秩序を維持するために規範があると，互いの規範が他の社会の規範と食い違うということが当然にでてくる。例えば，日本という全体社会では殺人は禁じられているが，その部分社会である暴力団では敵対する組織の構成員に手を下すことは許されるどころか賞賛されるという規範が成立していると考えられる。この場合，部

分社会の規範と全体社会の規範とではいずれが優先するのか。言い換えるといずれの規範も法と呼んでいいのかが問題となる。

これについては，全体社会の規範に照らして矛盾しない範囲において部分社会の規範は全体社会において尊重され，それらの総体が法と呼ばれることになると考えられる。

3　規範の概念と法

(1)　法規範とその他の規範

人が社会生活を営むうえで従う決まりごとを規範という。言い換えると，人の行動の理想を表したものである。これは宗教規範，倫理規範，習俗規範および法規範に分類される。

宗教規範とは，特定の教えの下に作られた規範である。例えば，ユダヤ教には，安息日は労働をしてはならないという規範がある。倫理規範とは，一定の倫理観・社会道徳の下に作られた規範である。例えば，年長者を敬い，病弱者をいたわるという社会道徳の下で，電車の中では，年長者に席を譲らなければならないとの規範が生じている。習俗規範とは，ある社会の習俗，すなわち習慣や風俗の下で生まれた規範である。例えば，婚姻に際して披露宴を行う人が多いのは，それが習慣ないし風俗となって規範化しているからである。

一方，法規範とは，社会秩序を支えるために人為的・自覚的に作られた規範である。社会秩序とは社会的な予測可能性のことである。

(2)　法規範の外面性

人の行動を「かくあるべき」と規律する点で，法規範は，宗教規範や倫理規範と変わらないが，「外面性」という特徴を有していると指摘される。

もともと人の行動は，心の内面における様々な過程・状態が対社会的な活動となって外部に現れてきたものであるが，法規範はこの心の内面には重きをおかず，外部活動として表面化した部分に関心をもつものである。すなわち，法規範は，人がその規範を心底正しいと思って従っているのか，それともまことに下らないが違反した場合の批判を畏れるから仕方なく守っているのか，と

いった内心のことに興味を抱かない。外に表れたかたちとして，とにかくそれを守っていればよいと考える。反対に宗教規範の場合には，心に疑いをもちながらも規律を守っているというのでは，信心が揺らいでいるわけだから許されない。こちらは「内面性」を特徴としているのである。

4 強要性の概念と法

(1) 法規範の強要性

　社会秩序とは，社会的な予見可能性のことである。他人が，原則的にどのように行動をとるかがわかっていれば，人はそれに対応して自分の利益が最も大きくなり，かつ被害が少なくなるよう行動することが可能になる。しかし，単なる社会秩序であると，人がそうした行動をする可能性が高いというに止まり，安心するのに必ずしも十分でない。そこで人は社会秩序を法規範化して可能性と蓋然性へと高めようとする。原則通りの行動をとらせるよう，法的に強制するのである。これを強要性という。

　強制の手段には種々あるが，基本的には，①名宛人の心に圧力を加えて，規範的命令のとおりに行動すべきと考えさせることにより規範の実現を図る「心理的強制」と規範の執行者の側で実力を行使して，名宛人が規範を遵守した場合と同じ状態にする「物理的強制」とがある。

　また，②規範に違反した場合に，人に不利益を与えることによって規範の遵守を強制する「消極的強制」と規範を遵守した人に何れかの利益を与えることにより遵守の強制を図る「積極的強制」という分類もあり得る。これらの組合せで，実際の法的強制が各種実現することになる。

(2) 消極的法的強制

　法的強制は，消極的法的強制，すなわち，不利益を与えることにより消極的に規範の遵守を行わせるかたちをとるのが普通である。代表的なものとして，①刑罰法規，②行政法規，③民事執行，④無効・取消しを指摘できる。

① 刑罰法規

刑罰法規は，人の権利を略奪するという不利益を与えて行う法的強制の典型であり，懲役，禁錮などの人の自由を略奪する刑（自由刑），死刑，つまり生命を略奪する刑（生命刑），罰金・過料などの財産を略奪する刑（財産刑）等の形をとる。基本的に自由刑や生命刑は物理的強制，財産刑は心理的強制に属するが自由刑はそのようなつらい体験を二度としたくないと思わせるという意味において，心理的強制の要素も有する。

② 行政法規

税法などの行政法規にも，強い強制力が付与されている。例えば税金を滞納した者に対して，税務署は国税徴収法に基づく滞納処分をもって財産を差し押さえ，これを他の人に売却して現金化しそれを税金に充てることができる。一種の物理的強制であるが，そうした制度の存在によって納税が促されるとすれば，これには心理的強制の要素も含まれていることになる。

③ 民事執行

民事執行も，法的強制の手段である。これには強制執行，代替執行および間接強制がある。強制執行とは，権利者の属する財産を国が義務者から奪って権利者に引き渡すという方法である。代替執行とは，義務者の費用に基づき国が義務者のなすべき行為を変わって行うという方法である。これに対して，演奏家によるコンサート演奏など，義務者が自分自身で果たさなければ意味がない義務の場合には，履行されない間は違約金として徴収するなどして，心理的に強制するこれを間接強制という方法である。

④ 無効と取消し

法がある行為について無効または取消しを定めている場合があり，ここにも強制力の存在をみることができる。

無効の典型例は，民法90条が定める公序良俗違反である。殺人依頼を内容とする契約などは，法によってその締結自体が禁圧され無効とされている。取消しの典型例は，民法96条の詐欺または脅迫による意思表示である。それまでは有効であった行為が，取消しの意思表示によってさかのぼって無効になる。

(3) 積極的法的強制

「強制」という言葉には一見につかわしくないが，人々に利益を与えることにより，積極的な法規範の遵守を誘引するという積極的強制も，多くみることができる。

ふさわしい行動をしていること，または一定の技能を有することが確認できた人に限って，一般の人には許されていない行動を許すという免許・許可，人の名誉心などに訴える勲章，政策に合致する私人の行動に対して与えられる補助金，などがその例である。

(4) 任意法規

法律には，確かに強制力を伴う「強制法規」が多いが，反対にその規範に従うかどうかが個人の自由に任されているものも少なくない。「任意法規」と呼ばれるものである。例えば，民法の債権編の規定のほとんどは，任意法規である。

私的自治の原則が支配する部分社会では，全体社会の法と調和性をもつ限りにおいて自由に法を形成することができるが，この場合に１つの基準を提供するのが任意法規である。それを必ず遵守する必要はないが，国が部分社会の法として必要なあらゆる要素を検討して作成しているから，無意味にそれから離れた規則を作るとかえって不都合が生じる。任意法規といえども，それを遵守することが好ましいわけである。

5　当為の法則としての規範

以上からわかることは，法規範が一定の強要性を備え，社会秩序を維持するために，人為的に定められた規範だということである。規範は当（まさ）に為（な）すべし，かくあるべし，という意味で「当為の法則」といわれる。第一に当為は，人間の行動を対象としている。そのため，太陽の浮き沈みや潮の干満などは，現実に人心で左右できない自然現象であり当為とはいえない。

第二に，当為は，必ず例外を含んでいる。存在の法則においては，条件さえ満たされなければ法則は必ず実現する。当為があえて「こうすべきだ」として

いるのは，それは守られないのが必然であると考えているからである。

第2節　法と他の社会規範

1　法概念の形成－社会規範の分化－

　元来，人間は社会共同生活の中に生まれ，成長し，そこで生活をする社会的存在である。アリストテレス（Aristotles, B.C 384 - B.C 322）が「人間は社会的動物である」とし，オットー・ギールケ（Otto Gierke, 1841 - 1921）が「人の人たる所以は，人と人との結合にあり」と述べているのは，人間が社会生活を営むことが本性であることを示している。社会は人間が2人以上いる空間や関係のことを指し，その中で人間は何らかの形で相互依存的関係を築き生活を送っているのである。

　人間は，本質的に社会的，利他的な側面を有するが，一方で，反社会的，利己的な側面をも有する存在である。人間は，多かれ少なかれ欲望を持つ存在である。その欲望や，それに基づく人間の行動は，他人の欲望や行動と衝突することがある。各人がその欲望のままに生きるとすれば，共同生活の秩序は乱れ，人間的な生活を営むことが困難になる。スポーツでも家庭でも一定のルールがなければ成り立たないのと同様に，社会においても秩序を保つためには，一定のルールが不可欠となってくる。このような社会生活上のルールを社会規範，または規範（Norm）という。

　社会規範は，自然法則と区別しなければならない。自然法則は，自然界の秩序や事象についての因果関係を説明するものであり，事実そのものである。一方で社会規範は，当為の法則のことであり，「～してはならない」とか「～しなければならない」といった行動様式についての法則である。

　ところで，法は，社会規範の1つである。ところが，社会規範には，法以外にも道徳，習俗など様々なものがあり，法の特質を明らかにするためには，他の社会規範との区別や関係性を考察しなければならない。

歴史的にみれば，これらの社会規範は，混在した状態で存在していた時代がある。しかし，歴史の進展に伴って徐々に社会規範は分化し，それぞれの領域が明確化していくことになった。原始社会においては，神秘的な霊力の権威に基づいた習俗が規範としての役割の多くを担っていた。そうした中で，人々により長期にわたって一定の行為が繰り返され，社会慣習，しきたり，行事，儀礼などの社会規範が生まれてくる。その後，時代の推移に伴い，社会生活の複雑化と生活様式の多様化が個人の個性への自覚を促すことになった。この個性への自覚は，良心形成を促し，神秘的権威への無自覚的服従への反省を迫った。ここに個人の良心を権威の源泉とする道徳が習俗から分離しはじめるのである。

　近代文明の発達は，社会領域の拡大と社会生活の高度化，複雑化を促進した。社会領域の拡大は，異民族をも含めた多種多様な要求を持つ構成員の複雑化をもたらし，生活様式も多面化への傾向を強めていく結果となった。このような複雑化した社会においては，秩序を維持するために，政治的で技術的な規範の定立の必要性が顕著になってくる。このようにして，各種の社会規範の中から，政治的組織である国家権力と結びついた法規範が分化することになった。それ故に，法は，他の社会規範とは異なり，客観的基準と物理的な強制的手段を伴っている点にその特徴を見出すことができるといえる。

2　法の本質－行為規範性・国家規範性・強制規範性－

　法の本質を1つの視点から定義することは困難である。そこで，法の持つ性質を分析すると，法は，行為規範であり，組織的な社会規範（国家規範）であり，国家権力によって保障される強制規範である，ということができる。

(1)　法の行為規範性

　法は行為規範性を有する。先に述べたように，法は社会規範である。規範とは，共同生活において人々が守るべき秩序として定立したものである。人間は，一定の理想や目標をもち，それに向かって1つの秩序と規律を構築し設定する。そして，人間は，相互に一定の秩序を重んじ，自らの意志によって行動を統制し，理性的にその理想とする秩序を求めて努力するものである。人間が作り出

す規範の内容は，このような理想的な「あるべき姿」に近づくための当為の要求であるといえる。そこには，人間の価値判断が示されており，どのような規範を定立するかは，それぞれの集団に委ねられている。

規範は，人間が理想実現のために定立したものであるから，その理想に無関心な者や賛同しない者にとっては必ずしも実行可能ではなく，多くの場合は実現されずに終わるのである。むしろ，法自身が違反されることを予測しているといっても過言ではない。しかし，規範は，自然法則と異なり，たとえ法の要求する内容と現実が一致しない事実があったとしても，その規範性としての性質を失うことはない。

法規範の内容には，法以外の社会規範，すなわち，道徳や倫理などの規範と重複する側面がある。例えば，「人命の尊重」というのは，道徳・倫理などでも要求される規範である。この理想ないし戒めは刑法上にも顕れており，刑法199条の殺人罪は「人を殺す行為」の要件を満たせば，「刑罰」を科すとの規定により，「人を殺してはならない」という行為規範を内包しているのである。

これは，「汝，盗むなかれ」という道徳，倫理上の規範と窃盗罪（刑法235条）の規定の関係にも当てはまる。また，一夫一婦制の倫理規範は重婚の禁止（民法732条），重婚罪（刑法184条）にあらわれ，家族の助け合いの精神は夫婦間の同居・協力・扶助義務（民法752条），未成年の子に対する親の扶養義務（民法820条）にあらわれ，約束は守らねばならないという道徳的・倫理的規範は，契約の拘束性（民法521条以下）や信義誠実の原則（民法1条3項）にあらわれており，法と他の社会規範との関連性をみることができる。

(2) **法の国家規範性**

法は，組織的な社会力，特に国家権力によって保障される社会規範である。近代国家においては法秩序全体に占める組織的性格が顕著であるが，慣習が一般に行われていた時代においても，強制手続の実定法化があらわれた。

そもそも国家は組織的社会であり，国家権力は組織的な強制力である。法の強制は，統一的な組織的強制力（国家権力）によって発動されると同時に，強制力が発動されるか否かを問わず，国家権力機関の存在そのものが，社会にお

ける人々に対する心理的強制力としても作用するという一面を有する。つまり，国家の権力機関が組織化されていることそれ自体が法の効力を担保することになるのである。したがって，法の効力が担保されるためには，国家の権力機関が法によって組織され，その発動の条件，手続も法によって組織されていなければならない。すなわち，法は，国家権力および権力機関を組織しながら，そのことによって実効力を有する社会規範なのである。

法の国家規範性の具体例としては，国家の統治機構の仕組みや統治の原則を定める「根本法」としての憲法の諸規定やその規定に基づいて，さらに詳細に国家機関や地方公共団体の組織や権限などを定める国会法，内閣法，裁判所法，地方自治法などを挙げることができる。

法秩序に基づいた共同体には，その社会の根本的な組織を定める法規範が存在することが必然といえることから，法の国家規範性は，法の性質の中核であるともいえる。

(3) 法の強制規範性

社会生活上において人々が守るべきルールとして定立される法は，たとえそれが破られることを前提として作られたものであっても，人々によって守られなければ意味がなくなってしまう。人々が法に従うようにするためには，法に強制力をもたせる必要がある。法に違反した者に対して，何らかの不利益を課すことになれば，人々の意識を法の求める方へ向かわせることができる。これは，法のもつ強制力，すなわち制裁ということができる。社会生活における紛争を念頭におけば，紛争の法的解決は，裁判所の決定（裁決）によって行われる。この場合，法は，その解決の基準を主として裁判官に指示する裁決規範（裁判規範）としての役割をもっている。このような裁決規範は，同時に一定の法規違反に対して発揮される強制的な法的効果を内容とするという意味において「強制規範」と呼ばれる。

人々の遵法精神に期待して，強制を伴わない形式（訓示規定）の場合もあるが，多くの法は原則として実効性確保のために強制方法を定めている。この強制には，法規範の種類によって強弱の差があり，制裁についても段階や種類がある。

まず，代表的な法的制裁は，刑罰である。人権保障を主眼とする近代法治国家においては，罪刑法定主義（憲法31条）が貫徹されており，成文法によって明確に刑罰が定められている。今日，わが国の刑法で定められている刑罰の種類は，主刑として，死刑，懲役，禁固，罰金，科料があり，付加刑として没収がある（刑法9条）。また，性質は刑事罰と異なるものの，行政上の目的達成のための命令や禁止の義務違反に対する制裁としての行政罰（例えば道路交通法違反の制裁）も刑罰であるといえる。

　次に，行政上の強制は，行政上の義務不履行に対し，義務を履行させる行政上の強制執行（代執行，強制徴収，直接強制など），行政が実力を行使して行政目的を達成する即時強制がある。また，私法上の強制としては，債務不履行に対する義務履行の強制手段として，直接強制，代替執行，間接強制があり，債務不履行や不法行為に対しては損害賠償がある。なお，わが国の独特な制裁としては，謝罪広告がある。謝罪広告とは，民法723条の規定に基づく制裁であり，一般的には，週刊誌上や新聞紙上に謝罪広告を掲載する方法がとられている。

3　法と慣習

　慣習（習俗，風俗，風習）は，社会生活の中で長時間にわたって無意識的に同一の行為が反復されてきた「ならわし」と考えてよい。法と慣習は，同じ社会規範であるが，その違いは，当為の法則ではない点と違反した場合に物理的強制力による制裁を受けないという点にある。つまり，慣習は，正義の理念に適合するから従わなければならないという当為の法則とは異なり，人々の生活事実に密接に関わっていることから，その社会の人々が「今までこのようにしてきたのだから」という理由によって自分の行為もこれに合わせるという特徴を有する。そして慣習は，それに違反したからといって国家権力による制裁を受けるものではないが，社会的な非難という制裁を受けることがある。

　慣習は，法と同様に外面的な規範であり，強制可能な規範である。道徳とは異なり，内面的な良心の存在如何にかかわらず，世間の慣例に外面的に適合する行為は，慣習規範の立場からは是認される。一方で，慣習は，法とは異なり，

いわゆる「世間」といわれる非組織的社会における規範であり，その制裁の方法（非難，不評判，排斥など）も制裁の効果（堪えられない者もいれば，平然としている者もいる）も漠然としている。

　このように法と慣習は，異なる面をもちつつも密接な関係にある。法は，発達の過程において慣習を取り入れつつ，慣習が国家権力によって保障され組織規範として効力を有することで法に転化してきたという側面がある。したがって，今日の法の中に規定されているものの多くは，かつては慣習であったものが組織化されたとみることができる。また，現在は法として明文化されていない慣習であったとしても国家権力により担保されることによって法となり得ることがあり，それは慣習法と呼ばれている。

　慣習法が成立する要件は，第1に社会生活において同一の慣行が反復されていること，第2に人々の間にその慣行に従うことが社会秩序維持のために必要であると認識されていること（法的確信），第3にその内容が公序良俗（公の秩序または善良の風俗）に反しないものであることが挙げられる。

　一方で，法的に承認されない慣習は，「事実たる慣習」と呼ばれる。これは，当事者がこれに従う意思を有する場合においてのみ，その効力が認められる（民法92条）のであり，当事者の意思を根拠として初めて適用されるものである。また，法の適用に関する通則法3条では，慣習法が法律と同一の効力を有するためには，法令の規定により認められた慣習か，法令に規定されていない事項に関する慣習か，そのいずれか，もしくは双方の場合に限られている。

　つまり，慣習法は，原則として成文法を補充する効力を有するものである。ただし，商法1条2項で商慣習法が成文法たる民法および民事法令に対する優先的効力を認めているように，法令が特に慣習に従うと明記している場合には，慣習法が例外的に成文法に優先することになる。

　以上のことから，慣習は，法の内容的な母体であるともいい得るし，法の条文解釈の際に重要な意義をもつものでもあるということができる。

4 法と道徳

　道徳は，良心と内心の義務意識において，善い行為を求める社会規範であり，法は，社会的に正しく行為することを求める社会規範である。このように両者は，共に「正しさ」を要求する規範であるという意味において共通している。元来，これらの社会規範は，歴史の進展に伴う社会生活の多様化とともに分化し，それぞれ異なった特性を示すに至ったものであるから，相互に密接不可分の関連性を持っている。特に法と道徳の関係については，古くから今日に至るまで，多くの学者によって論じられてきている中心的テーマである。

(1) 法と道徳の相違点をめぐる学説

① 動　機　説

　この説は，法と道徳はその行為の動機を異にするという見解である。この立場は，道徳が先天的な理性を源泉とした規範として生まれてくることを前提とし，後天的に形成された規範は本来の意味の道徳ではないという考え方に立脚するものである。これを前提として，法は，君主や議会をはじめとする立法機関によって制定され，経験的な権威に基づいて妥当する後天的な規範であると位置づける。換言すれば，法の要請するところのものは，行為の合法性であるのに対して，道徳の要請するところのものは，行為の道徳性であるとする。

　この立場は，法は行為の合法性，すなわち外面的行為が心理的動機とは無関係に規範に合致することを要請するのに対して，道徳は行為の道徳性，すなわち行為の心理的動機が規範に合致することを要請するものであると説く。

② 対　象　説

　この説は，法と道徳はその規律する対象を異にしているという見解であり，法の規律する対象は人の外面的行為（外部に表出された行為）であるのに対して，道徳の規律する対象は内面的行為（内心，心情，性向など）であるとする。この説は，「何人も思想に対して罰せられることはない」という格言が示すように，内心においてどんなに悪事を考えていたとしても，それが行為として外部に表出しない以上，法の規律の対象とはならないと主張する。

しかしながら，法と道徳の適用範囲を外面的行為か内面的行為かによって区別しようとすることは，両者の本質を捉えているとは言い難いとの批判がある。道徳的な評価は，人の内面的行為にとどまらず外面的行為にも及ぶこと，同時に法的な評価も人の外面的行為にとどまらず内心状態にも及ぶことは，もはや自明の理である。例えば，刑法では，原則として故意のない行為は処罰されず，自発的な意思で犯行を中止した場合を軽い罪とし，犯罪の情状によって酌量減軽が行われる。やはり法は，内心状態に無関心でない。

ただし，グスタフ・ラードブルフ（Gustav Radbruch, 1878-1949）が指摘するように，これを「適用範囲」の意味ではなく，「関心方向」の意味に解する限りは，規律対象による両者の本質的差異が是認されるべきであり，パウル・ナトルプ（Paul Natorp, 1854-1924）の「法規範による判断においては，内面的なものが外面より評価され，道徳規範においては外面的なものが内面より評価される」という指摘は留意すべきである。

③ 基 準 説

この説は，その規範の基準をどこに設定するかが両者の本質的差異であるとする立場である。すなわち，法は，現実にあるもの，事実的なものを基礎とし，通常の判断能力をもって普通に行動する人間（平均人）を基準とする規範であるのに対して，道徳は，あるべき姿，理想的なものを基礎とし，理想的な人を基準とする規範であるとする。つまり，法は，通常の人間であれば守りうるような当為をその内容とし，通常の人間の能力の範囲に限られるべきであるのに対し，道徳は事実とは無関係に，通常の人間では守れないような純粋に理想的な当為をもその内容に含むものであるとする。

この説は，法と道徳の相違点の一側面を抽象的，一般的に示したものであり，法の領域を見定めるための一つの参考にはなるが，具体性を欠き，両者の決定的な相違点を明らかにする基準とはいえないとの批判がある。

④ 領 域 説

この説は，法と道徳はその規律する領域の大きさが異なるという立場である。この点について，ゲオルグ・イェリネック（Georg Jellinek, 1851-1911）は，法

は道徳の一部分であり「倫理的最低限度」（最低限の道徳）であるとし，不法は常に不道徳であるが，不道徳は必ずしも不法とはならないと説く。つまり，比喩的に示すと，法と道徳は，中心（目的）を同じくする同心円であるが，円周（領域）を異にし，法規範は小さな円周を，道徳規範は大きな円周を描くとする。小さな円周で表現される法規範の領域は，道徳規範の領域の中に包含され，さらに法については，道徳ほど純粋な動機を要求されないと説くのである。例えば，刑法の殺人罪（199条），窃盗罪（235条）などは，道徳的内容と一致し，道徳的にも非難の対象となるものであり，人間の道徳感情に反するものであるから「自然犯」と呼ばれる。また，憲法上の人権も「公共の福祉」に反しない限りにおいて尊重されるものであり，民法上でも信義誠実の原則を明記し（民法1条2項），公序良俗に反する法律行為は無効であると規定されている（民法90条）。

　しかし，この見解に対しては，後述するように法と道徳の一致しない面のあることを看過しているとの批判がある。

⑤　強　制　説

　この説は，法と道徳とは，その意味する強制が異なるという立場である。法の強制については，国家権力による強制（物理的強制力）が伴うものであるのに対して，道徳は良心の呵責や社会的非難によって強制されるとする。法に違反した者に対しては，国家権力による制裁（刑罰，行政処分，損害賠償など）が加えられるが，道徳に反した場合は国家権力による制裁は加えられない。ただし，この説に対しては，自然法論の立場からの批判がある。この立場は，「社会あるところに法あり」との格言を基礎におき，法は必ずしも国家権力と結合するものではなく，国家以外の社会にも法は成立すると批判を加えている。

　しかしながら，たしかに物理的強制力になじまない法も存在するが，法と道徳を区別する決定的な基準を物理的強制力によって担保されているか否かに求める点は，妥当な面であるといえよう。この点については，ルドルフ・イェーリング（Rudolf Jhering, 1818-1892）の「法的強制のない法規はそれ自体矛盾であり，燃えない火，照らない灯火に等しい」との言葉が端的に示している。

以上，法と道徳をめぐる諸説を概観したが，どの説も一面の真理に言及しているものの，それぞれが一方面からの考察にとどまっており，唯一正しい学説はないと言っても過言ではない。法と道徳の区別は，対象説にいう「関心方向という意味」においての「法の外面性」，基準説にいう「法の平均性」，強制説にいう「法の強制性」などの諸点に求められよう。

(2) **法と道徳の関係性**

① 法と道徳が一致する場合

先に述べた刑法の自然犯（殺人罪，傷害罪，窃盗罪など）や民法の信義誠実の原則，公序良俗の規定，その他の不法行為（民法709条以下）などの法規定は，その内容が道徳と一致するものであり，道徳律が法規範化したものともいえる。一方で，個人の尊厳（憲法13条）と両性の本質的平等（憲法24条）の法規定が家庭道徳化したり，公衆衛生に関する諸法令が人々の道徳心と合致した場合は，公衆道徳となる場合がある。このように，法と道徳が相互関係にある場合もあるが，道徳の全てが法になるわけではないことから，この点については，先に述べたイェリネックの「法は最低限の道徳」であるとの言葉が妥当するといえよう。

② 法と道徳が無関係の場合

国家機関の組織を定める国会法，内閣法，裁判所法は，道徳とは無関係である。また，手続を定める各種訴訟法や公職選挙法，さらに電波法のように技術的な性格を有する法は，道徳とは無関係である場合が多い。また，道徳律としては「人もし汝の右の頬を打たば，左の頬も打たせよ」が妥当するが，法は急迫不正の場合において，相当の範囲でやむを得ない防衛や避難を認めている。

③ 法と道徳が矛盾，対立する場合

法と道徳は，正しさを要求する点で共通の基礎を有するが，法の目的や理念が道徳と必ずしも一致しない場合がある。例えば，民法の消滅時効の規定（民法166条以下），書面によらない贈与の撤回（民法550条）がこれである。これらの規定は，極めて不道徳であるが，法の理念の1つである法的安定性の確保（社会生活の安全）の目的を有するという基本的性格からくる帰結である。

また，夫婦間の契約取消権（民法754条）については，反道徳的な悪法であるという説と夫婦間の問題は裁判沙汰にすべきではないという趣旨だとする説がある。さらに，刑法にいう「不能犯」の問題，「安楽死」の問題，「尊厳死」や「臓器移植」の問題も法と道徳の関係を考えさせられるテーマである。

第3節　法の種類

　法はその形式や態様，対象などの観点から様々な形で分類される。以下では法の分類について，代表的なものをみていきたい。

1　成文法と不文法

　成文法と不文法とは，法がどのような形であるのかに着目した分類である。成文法とはその名の表すとおり文書化されている法のことを指すが，ただ文書化されていることのみではなく，権限のある機関によって一定の手続きに則って制定されたものでなくてはならない。成文法には，憲法，法律，命令，規則，そして条例が含まれる。それらの間には効力について優劣関係が存在し，憲法を頂点とした「ピラミッド型」の段階構造が形成されている。

　憲法とは一国内の最高法規であって効力の「ピラミッド」の頂点に位置し，憲法に反する内容の法律等は「無効」とされる。憲法には権力を分配し統治機構の構成を定める国家の設計図としての側面と，国民の権利を保障する権利章典としての側面がある。もっとも，国家の設計図として機能する際にも無制限なものではなく，あくまでも人権保障という目的に適合する形でなくてはならない。

　法律とは，広く法全般を指す意味で使用されることもあるが，狭くは国会によって正当な手続きに沿って定められた法のことを意味する。なお，内容的には憲法に適合するものでなくてはならない。

　命令とは，行政機関の定める法である。命令には法律によって委ねられた事

柄について定める「委任命令」と，法律を執行するための手続などを定める「執行命令」の二種類がある。また，命令は誰が定めたのかによって呼び方が変わり，内閣が定めたものは「政令」，総理大臣の定めたものは「内閣府令」，各省の大臣が定めたものは「省令」，とそれぞれ呼ばれる。なお，行政内部で上級機関が下級の組織や職員などに対して発する内部規則を「訓令・通達」と呼ぶ。この「訓令・通達」は行政内部のものであり，一般の国民に効力は及ばない。

規則とは，各国家機関の定める法であり，より具体的には議院規則と裁判所規則がある。議院規則は衆議院・参議院のそれぞれが独自に定める規則であり，各議院の運営に関する事柄を規定している。これらも議院の「内部」に関する事柄を定めるものであるため，訓令・通達と同様にその効力は国民には及ばない。これに対し，裁判所規則は裁判所の内部に関する事柄のみならず弁護士や訴訟手続き，事務処理などについても規定するため，国民にも影響が及ぶ。なお，裁判所規則と法律の効力の優劣関係については議論が存在している。

条例とは，地方公共団体の定める法のことである。広くは首長の定める規則なども含まれるが，狭くは地方公共団体の議会の定めるものを指す。地方公共団体は一定の自治の権能を持っており，その権能に基づいて条例は制定されるのである。また，条例を定める権限は憲法によって地方自治体に与えられているため，法律などによってもその権限を奪うことは許されない。反面，条例で定めることのできる範囲については限界があり，「法律の範囲内」に限られている。

ここまでみてきた成文法以外の法は不文法と呼ばれる。不文法という名からは「文章化されていない」法であるというイメージを抱きがちであるが，必ずしもそうではない。すなわち，文章化されていても成文法の「権限のある機関によって一定の手続きに則って制定されたもの」という要件が欠けている場合には不文法とされるのである。不文法としては慣習法，条理，そして判例法が挙げられる。

慣習法とは，慣習として存在してきた事柄が法としての効力を持つと認めら

れたものである。日本では「法令の規定により認められたもの又は法令に規定されていない事項に関するものに限り」慣習は法律と同じ効力を認められている（法の適用に関する通則法3条）。なお、慣習法となり得る慣習は「公の秩序又は善良の風俗に反しない慣習」に限定されている（法の適用に関する通則法3条）。慣習がいつ、どの段階で慣習法になるのかについては議論がある。

　条理とは、物事の道理のことであり、「社会通念」や「公序良俗」とも表現される。法によって社会で生じる全ての事柄を漏らすことなく覆うことは不可能である反面、民事裁判では適用すべき法が存在しない場合であっても、裁判所は裁判を行わなくてはならない。このように成文法も慣習法も存在しない場合に適用されるのが条理である。条理は補助的な位置づけにすぎず、効力も成文法や慣習法よりも下位である。なお、条理の具体的な内容は不確定的であることから、条理を法源として認めるかどうかについても議論が存在している。

　判例法とは、裁判所の判決例（判例）が法としての効力を持つと認められたものである。英米法では判例はその後の同様の事件の裁判を拘束するとされ（先例拘束性の原則）、法的な拘束力を有している。一方の大陸法では成文法主義が採られており、判例に法的効力は認められていない。日本でも判例に法的な効力は認められていないが、一定の事実的な拘束力を有している。

2　実定法と自然法

　実定法とは、人によって現実に定められた法のことである。実定法は成文法に限られず、慣習法や判例法といった不文法も含んでいる。すなわち、文書化されているか否かに関わらず、なんらかの形で人間が作り上げた法のことを指すのである。

　一方の自然法とは、人間によって作られたものではなく、人間やその社会の外にあるとされる法である。理性や人間の本性、あるいは神の意思に基づく法とされ、実定法が人間の作ったものである一方、自然法はその外に存在するものとされている。だが、両者は完全に切り離されたものではなく、自然法が実定法に正統性を与えることや、実定法の解釈に影響を与えることもある。

また、両者はその普遍性という面でも異なっている。実定法は時代や国、社会によって大きく異なり、普遍性は担保されていない。一方の自然法は、理性や人間の本性、神の意思といった概念であり、普遍性が見いだされる。また、自然法はあくまでも人間の作った物ではないため、人間がその内容を変更することは不可能とされる。

3　国内法と国際法

国内法とは、ある国家の中で制定され、その範囲内でのみ適用される法のことである。一方の国際法は国際社会における法律関係を規律する法である。国内法が国や公共団体と私人ないしその国家内での個人間の事柄を規律することに対し、国際法は基本的に国家と国家の関係を拘束する。国際法は一般的には国と国との関係についてのものであるが、今日では国際連合などの国際機関もその規律対象となる。また、国内法が当該国家によって強制され得るものであることに対し、国際法についてはそのような強制力を持つ機関が存在していないことも両者の大きな違いの一つである。

国際法は、条約と国際慣習法に分けられる。条約とは「国の間において文書の形式により締結され、国際法によって規律される国際的な合意」と定義される（条約法に関するウィーン条約第2条1(a)）。今日では国と国の間のみではなく、国際機関との間で結ばれることもある。条約は当事者間の合意を文章化したものであるため、その効果は当事者以外には及ばない。また、条約には2国間でなされるものと多国間でなされるものとがある。

一方の国際慣習法とは、法的な拘束力を持つ国際社会における慣習のことであり、条約と同等の効力を持つ。国際慣習法として認められるためには、ある事柄が「一般慣行」として成立していることが必要とされる。そこでは、全ての国家の参加や、長い年月その慣習が行われていることは必ずしも必要とされない。そして一般慣行であることに加え、「法的確信（ないし法的信念）」の存在も条件とされる。すなわち、そのような慣行を行っている国家が単にその自由な意思によって行っているのではなく、その慣行に法的効力を見いだして

行っているという，いわば主観的な側面も必要とされるのである。国際慣習法が形成されようとしている間一貫してその成立に反対し続けた場合，国際慣習法として形成された場合であっても，それに拘束はされない。

条約がそのまま国内法として効力を持つのかどうかは国によって異なるが，日本では，条約はそのまま国内法としての効力を持つとされる。なお，憲法と国際法の効力の強さについては議論が存在している。

4 公法・私法と社会法

公法・私法・社会法という分類は，法の内容による分類の1つである。公法と私法の区別については様々な見解が提示されているが，なかでも有力なのがその主体に着目した見解である。そこでは，公法は国の機関同士や公共団体同士，国と公共団体，国や公共団体と国民，という各アクター同士の関係を規律するものとされる。この見解では，私法は私人同士の関係を規律するものとして捉えられる。すなわち，法の規律する主体が「公」の領域にあるのか，それとも「私」の領域にあるのか，という点に着眼したものである。この見解以外にも，法が保護しようとする利益に着目し，社会の利益（公益）を保護しようとするものであるのか個人の利益（私益）を保護しようとするものであるのかに着目する見解，権力関係を律するものを公法，対等関係のものを律するのが私法とする見解，等がある。一般的には，公法の例としては憲法，刑法，行政法，国際法，そして訴訟法などが挙げられる。一方の私法の例としては，民法や商法などが挙げられる。

社会法とは，資本主義の発達に伴って生じた貧富の差の拡大や固定化などの様々な問題に対処するため，国家が従来の「自由」や「私」の領域により積極的に関与する必要が生じたことから生まれた領域である。そこでは，従来の公法・私法の両者が混じるような形が見られる。一例としては労働法が挙げられるが，そこでは本来であれば私的な領域であるところに，国家による規制の要素が盛り込まれている。

5 実体法と手続法

　権利義務関係などの法律関係そのものを直接規律する法を実体法，法で定められている権利などを実現するための具体的な手続きなどを定めた法を手続法という。民法や商法は実体法であり，民事訴訟法は手続法である。実体法と手続法は法が何を権利義務として保障するのか，そしてその実現をどのような手続によって確保するのか，について担うものであり，どちらが欠けても法は意味をなさなくなる。両者は，いわば「車の両輪」の関係にあるといえよう。

6 一般法と特別法

　一般法と特別法とは，規律する範囲及びその効力の優劣に基づいてなされる分類である。一般法とはある事柄や対象について広く一般的に規律する法のことを指し，特別法とはより限定された，特定の事柄や対象のみを規律するものを指す。規律する事柄や対象が一般性を持つものであるのか，もしくは特定のものに特化しているのか，という違いである。例としては，民法と商法，刑法と少年法，等がある。なお，両者の規律する事柄や対象は必然的に重複するものもある。

　どの法が一般法でありどの法が特別法であるのかは相対的なものであり，比べられる法律同士の関係によって変化する。例えば，手形法は商法に対しては特別法となり，民法に対する特別法であった商法も，手形法に対しては一般法となるのである。

7 原則法と例外法

　一定の事柄について原則として適用される法を原則法，その例外として適用される法を例外法と呼ぶ。原則法は広く一般的に適用されるが，あらゆる事柄や状況においてそれを貫き通してしまうと，かえって不都合を生じることがある。そのような場合に例外的に適用されるのが例外法である。例として，民法3条と民法721条が挙げられる。

これらは「原則規定」「例外規定」とも呼ばれ，両者の関係は相対的なものである。例外規定は原則規定の置かれている法とは別の法によって定められる場合もあるが，同じ法の中に存在する場合も多く，「但し書き」という形で同じ条文中に表れる例も多く見られる。

8　強行法と任意法

強行法と任意法とは，法の適用が本人の意思に関わらずになされるのか，それとも本人の意思によって適用されるか否かが変わるのか，という点による分類である。本人の意思に関係なく適用される法が強行法であり，本人の意思によって適用されるかされないかが決まる法が任意法である。それぞれ「強行規定」，「任意規定」とも呼ばれ，一般的には強行規定は公法に，任意規定は私法に，それぞれ多く見られるとされる。なお，これはあくまでも一般的な傾向であり，そうではない例も多い。

任意法の例としては，民法404条の利息が例としてあげられる。そこでは，両当事者が規定とは別の利率を望む場合，404条に定められている利率は適用されない。強行法の典型的な例としては刑法の多くの規定があり，そこでは当事者が適用を望むか否かに関わらずに適用される。

9　固有法と継受法

固有法とは，外国から輸入された，または外国のあり方を参考にして定められたものではない，その国に固有の法である。いわば，その国の歴史や文化から生まれた「オリジナル」な法である。一方の継受法とは，外国から輸入された，もしくは外国の法を参考にして作られた法のことである。

日本は明治維新後，西洋列強諸国の制度やあり方を参照し，それらを取り入れる形で近代化を進めてきた。明治憲法もその一角であり，また様々な法律も同様にして起草された。第二次大戦後に，民主化や人権保障を徹底する形での様々な制度改革や憲法の改正を行う際にも，様々な国のあり方を参照した。このようにして，日本法には様々な国の，様々な法が継受されているのである。

第 4 節　法 の 目 的

1　法の目的と正義

(1)　個別の法律と目的

　個々の法律にはそれぞれ独自の目的が規定されている。例えば，生活保護法1条には「この法律は，日本国憲法25条に規定する理念に基き，国が生活に困窮するすべての国民に対し，その困窮の程度に応じ，必要な保護を行い，その最低限度の生活を保障するとともに，その自立を助長することを目的とする」と規定されているし，少年法1条には，「この法律は，少年の健全な育成を期し，非行のある少年に対して性格の矯正及び環境の調整に関する保護処分を行うとともに，少年の刑事事件について特別の措置を講ずることを目的とする」と規定されている。このように何らかの具体的な目的を達成するために個々の法律は制定されている。

　ところが，刑法や民法には上記のような具体的な目的を規定した条項は見当たらない。もっとも，法は規範の性質を備えていることから，実現されるべき何らかの目的が，そこには想定されている。というのも，規範とは，一定の目的を達成するために，人々によって遵守されるべき行動や態度に関する規律であり，「何々をしなければならない」または「何々をしてはならない」という行動・態度の様式または基準だからである。例えば，刑法235条は窃盗罪を規定しているが，それは他人の所有物を盗む人々がいるという事態を前提にして，所有物が盗まれない状態を理想的と想定し，その状態を実現する目的で「物を盗んではならない」という行動様式を指図しているのである。法はこのような規範性によりたとえそこに目的が直接的に規定されていなくても，法には何らかの目的が想定されているのである。

　以上のように法は，明示的にせよそうでないにせよ，何らかの目的を有している。このことから，法律の各条項を解釈する場合にも，それらが実現すべき

目的を考慮して解釈するという目的論的解釈がなされるべきことが理解される。例えば刑法199条には「人を殺した者は，死刑又は無期若しくは5年以上の懲役に処する」と規定されている。

(2) 法秩序全体の目的

法の目的には，個別の法律に規定された，あるいは想定された具体的な目的以外に，法秩序全体としての目的が考えられる。

目的とは実現されるべき事態であって，その事態を実現しようとする意思主体を想定している。しかしながら，法そのものはそのような意思主体ではあり得ないのは当然である。それは法共同体のメンバーである人間によって追及される目的である。

法の目的には，しばしば正義として総括される。法と正義の関連性について，法が機能する主要な場面は「司法」である。

法と正義の密接な関連性からして正義が法の目的を考察する中心に位置づけられるのは当然であろうが，法の目的は必ずしも正義だけに限られているわけではない。法の目的としては，法的安定性，正義（適法的正義・形式的正義，実質的正義），衡平という価値が挙げられる。

2 法の目的の種類

(1) 法的安定性

法とは，強制力を備えた社会規範の一種といわれる。それは社会生活が平和的に営まれるためには秩序が必要とされ，その秩序を維持し支えるものが法であることを意味している。このように，法によって秩序・平和が確立され，安定的に維持されることを法的安定性と呼んでいる。したがって，法的安定性が法の目的の代表的なものとして挙げられる。

法的安定性には，法による秩序・平和の確立・維持という意味以外に，法の内容が明確に認識できるとともに忠実に実現されているという法自体の安定性，さらには法が勝手きままに改廃されてはならないという変更に対する保守的な安定性という，いくつかの異なった意味が含まれている点に注意すべきである。

(2) 正　　義

　法的安定性をもたらすことが法の重要な目的であるが，正義を実現することも中心的な目的と位置づけられている。法の目的において正義が除外されてしまうならば，法にはむき出しの強制力，つまり暴力だけが残ることになってしまう。このことは法学の難問の1つである「悪法も法であるのか，あるいは悪法は法ではないのか」という問題とも関係している。

① 正義の意味

　正義とは，一般的理解としては個々人の善き生き方という主観的性情，すなわち徳としては捉えられず，共同生活を営む人々の間における利益・負担，政治的法的な権利・義務や褒美・制裁などの配分・付与において，場合によって恣意的な差別的処理がなされるのではなく，ある一定の基準によって公平な取り扱いがなされるべきことを要請する特殊な価値原理と把握されている。このような正義の把握は，正義が，日本語でしばしば「公正」とも訳されていることからも理解することができる。

② 適法的正義

　法に規定されている内容が忠実に遵守され，あるいは適用されている場合に，「正義に適っている」といわれ，そうでない場合には「正義に適っていない」といわれる。このような議論の次元で正義が用いられている場合，それを適法的正義を呼ぶ場合がある。適法的正義の次元では，法に規定されている内容自体が正しいか，それとも正しくないかは問われていないことに注意しなければならない。

③ 形式的正義

　形式的正義とは，「等しきものは等しく，等しからずものは等しからざるように取り扱え」というような定式によって表現される純形式的な要請のことである。この形式的正義は，いかなる人々ないし社会関係が等しいもの，あるいは等しくないものとして評価されるのか，またそれらの各々を実際にどのように取り扱うべきか，の2点については何も語っていない。この形式的性質を理解するために次のような例が挙げられている。すなわち，どのような人々に参

政権を付与すべきかを決定する基準に関して，一定額以上の所得税の納付を基準とするのか，あるいは一定年齢以上のすべての男子を基準とするのか，または男女平等を基準とするのか，様々な基準があり得るだろうが，その決定基準は形式的正義自体からは導き出されないのである。形式的正義のレベルで議論される場合には，形式的正義は実質的基準の存在が前提とされるのであり，何らかの実質的基準と協同して初めて具体的に機能しうる原理とされている。

　形式的正義の形式性と実質的基準の必要性を理解するために次のような例を挙げることにする。

　例えば，8歳と5歳の兄弟が一緒に壁にクレヨンでいたずら書きをした。そこで父（母）親が8歳の兄だけをしかったとする。そして8歳の兄は父（母）親が叱ったことに対してつぎのように口答えをした。すなわち，「弟もいたずらをしたのだから，同じように叱ってよ。叱られない弟をえこひいきしているよ」と。その兄の反論に対して父（母）親も負けずに次のように再反論するだろう。すなわち，「あなた（兄）は弟よりも3歳年上でしょう。だからあなただけを叱って弟を叱らなかったのよ」と。ここにも形式的正義の形式性と実質的基準の関係が理解される。つまり，父（母）親も8歳の兄，も形式的正義原理を用いて反論，再反論しているのである。つまり，内容が空虚であり形式的であるがゆえに，父（母）親も8歳の兄も形式的正義を同じように用いることができるのである。そして，父（母）親の立場からは等しくないとみる基準は兄弟の年齢の相違であって，それに対して8歳の兄が形式的正義を用いて反論した際の等しきものの基準は同じいたずらをしたということである。

　このように，何を同じものとするかの基準，あるいは何を違ったものとするかの基準はそれぞれの立場によって異なったものが考えられるが，いずれにせよ父（母）親も8歳の兄も，実質的基準をそこに組み込まないと形式的正義を用いることはできないということである。

　④　実質的正義

　実質的正義とは，法の一定の内容や判決などの具体的な法的決定に対して，その正当性を評価，判定する実質的な価値基準のことである。これは形式的正

義の要請に内容を盛り込む，実質的な正当性原理である。しかしながら，何をもって実質的正義となすのかという正義の基準に関しては，立場は千差万別であって相互に対立する場合もある。

近代法は，刑法などの公法の領域と民法などの私法の領域とに二分されるが，配分的正義は公法の領域にかかわる正義であり，交換的（矯正的）正義は，私法の領域にかかわる正義といわれている。しかしながら，現代法の下では法の倫理化・社会化が主張され，労働法や独占禁止法などの公法と私法の融合する法領域が現れ，それが発展するにつれて私法の領域への配分的正義の影響が強まっており，契約法や不法行為法に制度化されている交換的（矯正的）正義の独自の存在理由も問いなおされている。

⑤　衡　　平

最後に衡平は個別的正義と呼ばれている。法の一般的ルールが規定する内容をありのままに個々の具体的事態に当てはめた場合，しばしばかえって著しく不都合な結果が生じることがある。このような不都合な結果をもたらす際に，法を補正するのが衡平という原理である。衡平は，実質的正義に関する社会各層の多様な要求を，裁判などで個別的事例に即して法を実現する過程に取り組みつつ，法的基準を創造的に継続してゆくための中枢的チャンネルとして重視されている。

3　法的安定性と正義との根本的矛盾・対立の調整

以上のように，法が実現すべき重要な目的として，法的安定性の実現と正義（形式的正義，実質的正義，衡平などの異なる内容をもつ）の要求を満たすという二つのことが挙げられる。

ところでこれらの目的はしばしば根本的に対立し，矛盾におちいることがある。法は人間が作るものであって，悪法問題のように，その内容が正義に反する場合がある。また正義の理念が少なくとも実質的正義でみたように，その現実の把握において多用であるために，法が正義に合致するかどうかについて意見が分かれることもある。例えば，ある正義の立場からはその法は正義に反す

る法であり，法ではないと主張されたり，また異なる正義に立場からはその法も正義に適う法であると主張されたりする。このような根本的な矛盾・対立をどのように調整すべきかは，具体的な場合に即して主体的に決断する以外にはないが，法は常に法的安定性という秩序のうえに築かれた正義を実現する使命を課せられており，法の下に生きるすべての人間が努力と反省を重ねて，このような法を実現してゆくことが，民主的社会の法秩序の本質と考えられているのである。

第5節　法の淵源

1　法の淵源の意味

　法の淵源，略して法源という言葉は，論者によって，①法が法として成り立っている根拠は何か（哲学的法源），②法規範，法制度，法体系などの歴史的由来（歴史的法源），③法が存在する形式，裁判の基準となるもの（形式的法源）と異なった意味で使われている。本節では，一般的な用法に従い，形式的法源について述べることにする。

　実社会の係争は，最終的には国家機関である裁判所に委ねられる。裁判官が判決を下す際には客観的な基準である法規範が必要である。法規範は，裁判規範として裁判官が裁判をする基準，拠り所として用いられる。この意味で法源は，裁判で適用すべき法を発見することともいえる。そのためには，そのもととなるもの，すなわち，法の源泉（淵源）が必要である。

　この意味で法源には，大別して制定法と非制定法とがある。

2　制　定　法

(1)　制定法の意義

① 制定法の長所

　制定法とは，一定の手続きと形式によって文書のかたちで制定された法のことである。制定法は，文書化された法であることから成文法ともいわれる。制定法には多くの長所がある。

　まず第一に，制定法は，一定の形式で公表され，かつ文書のかたちをとっているので，法の存在や意味内容が，行政官や裁判官だけでなく一般国民にも明確であり，かつ安定している。なお，制定法のうちのある事項について体系的に編別されたものは法典と呼ばれる。法典は法を統一しているので，法的安定性に優れ，検索にも便利である。結果を正確に予知した見通しのうえに営利を求めようとする商取引では，予測可能性が求められるため，法的安定性に優れた制定法が望まれる。

　第二に，制定法である法律は，議会民主主義の理念と合致する。すなわち，法律は国民の代表からなる国会で制定され，また，他の制定法である命令なども，法律に従うことになっている。制定法の内容には，国民の意思が反映される仕組みである。

　第三に，現代社会では複雑かつ技術的な問題が多く生じているが，制定法はこの問題を迅速に対応できる。制定法は，人間の意思によって作り出されるため，新しい理想を打ち出すのが容易である。

　なお，大陸法系に属するドイツ・フランス・イタリア・スイスや日本は，成文法を主要な法源としているので，成文法主義の国とされるが，イギリスやアメリカなどの英米法系に属する判例主義の国でも商事法や労働法などの領域において多くの立法がなされており，制定法の比重が高くなっている。

② 制定法の短所

　制定法には短所もまた多い。

　まず第一に，制定法は，理想を打ち出すことが容易であるため，制定法を

作ったことにより社会が変わったと錯覚しやすく，社会を無視した法規万能主義に近づきやすい。

　第二に，制定法はいったん作られるとその後の社会変動に柔軟していくことが難しい。第三に，立法が複雑で技術的になり，専門家でさえその意味のごく一部を知るだけで，一般国民は法規を読んでも意味が掴めないということも起こる。こうした短所があるにもかかわらず，現代社会においては，制定法が優勢であることは明らかである。

　③　制定法の諸原則

　様々な制定法の間には内容的に矛盾するものも存在する。そこで，その矛盾を解消するために，次のような原則が生まれている。すなわち，制定法はピラミッド型の段階構造をしており，上位の制定法が下位の制定法に優先し，上位の制定法に抵触する下位の制定法は効力を持たない。具体的には，憲法を最高法規とし（憲法98条1項），憲法と法律とでは憲法が上位に，法律と命令とでは法律が上位に，法律と条例では法律が上位にくることになる。同じ段階の制定法間で内容に矛盾が生じた場合は，まず後法（新法）が前法（旧法）に優先し（後法優先の原則），つぎに，同じ段階の制定法の間に一般法と特別法の関係がある場合には特別法が一般法に優先する（特別法優先の法則）。

3　非制定法

　制定法が，一定の手続と形式とによって文書の形で制定された法のことであることはすでに述べた。これに対して非制定法は，文書化されていない法であることから不文法といわれ，これには慣習法，判例法，条理がある。

(1) **慣　習　法**

　慣習法とは，事実上の慣行に基づいて成立する法である。すなわち，本来の立法手続を経て制定された法ではないが，社会の慣行が一定の法的拘束力をもってくるものである。

　文字のない未開社会や，制定法が十分定められていない時代には，法はほとんど慣習法であった。従来，慣習法については，明治23年（1890年）に制定さ

れた「法例」という法律の2条に規定されていた。法例の制定から100年あまり経過した2006年に全面改正され「法の適用に関する通則法」として成立し，2007年から施行された法例2条の規定と同趣旨の規定は，法の適用に関する通則法3条にある。

慣習法が成立するためには，社会において法的価値のある行為が同種の事項について長期間にわたって反復されていることと，その慣習が政治的権力により法として承認されることが必要である。なお，公序良俗に反する慣習は，慣習法とはなりえない（法適用通則3条）。

法の適用に関する通則法では，慣習法が成立する場合として，「法令の規定により認められたもの」と，「法令に規定されていない事項に関するもの」とを挙げている。法令の規定により認められたものとしては，入会権（民法263条・294），境界線付近の建築の制限（民法236条），水流工事に関する費用負担（民法217条），囲繞の設置等に関する慣習（民法228条）などがある。一方，法令に規定されていない事項に関するものとして，いわゆる内縁関係の準婚的効果や，いわゆる温泉専用権などがある。

(2) 判 例 法

判例法とは，裁判所がある法的問題について一致した一連の判決をしている場合に成立する法のことである。

裁判所は，個々の具体的な法律紛争に法を適用することで，具体的な解決をはかる。しかし，実際には裁判所による判断がばらばらであると，法的安定性を欠くことになるため，裁判所は同種の判断を反復継続していく。こうして裁判所の判決は，先例に従い次第に統一されていく傾向をもつ。いわば判例法は裁判所で行われる慣習法ともいえる。

イギリスやアメリカなどの英米法系に属する判例法主義では，先例拘束の原則があり，判例法は主要な法源となる。これに対して成文法主義をとるわが国では，形式的には判例に法源性はない。同一事件に関して上級審の判断が下級審を拘束する（裁4条）のみで事件が異なれば上級審と異なる判断を下級審がすることができる。

しかし，従来の最高裁判所の判断と異なる判断をした場合は，最高裁判所への上告申立理由（刑事訴訟法405条2項，3項）や上告受理申立理由（民事訴訟法318条1項）となる。また，最高裁判所が従来からの判断を変更するには，最高裁判所の裁判官全員で構成する大法廷で変更しなければならないとされ（裁判法10条3項），最高裁判所の判例変更には，慎重が期されている。これらのことからすれば，下級審はもちろん最高裁判所も，事実上判例に従うことになる。こうして成文法主義のわが国においても，実質的に判例法の法源性が認められる。

(3) 条　　理

条理とは，歴史的・社会的法秩序から導き出される当然の道理，筋道のことである。

裁判官は，法の不存在の理由として裁判を拒否することはできない。明治8年6月8日太政官布告103号裁判事務心得3条では，成文や慣習がない場合には条理を推考して裁判すべきでとしている。その意味するところは，裁判官は適用すべき法規が欠けているときには，もし立法者の立場であれば法規を制定したであろう原理に従って裁判すべきということであろう（スイス民法1条2項参照）。

結局，条理は補充的な法源といえる。もっとも，第二次世界大戦後の民法改正で，公共の福祉（民法1条1項），信義誠実（民法1条2項），権利濫用の禁止（民法1条3項），個人の尊厳（民法2条），両性の本質的平等（民法2条）の規定が加わり，それまで条理によって裁判されていたものが，これらの規定により裁判がされるようになっている。したがって，現在，条理を法源とすることは少なくなっている。

第3章

法の適用

第1節　法の効力

1　法の妥当性と実効性および法の効力の根拠

(1)　法の妥当性と実効性

　法の効力は,「法の妥当性」と「法の実効性」との結合関係によって成り立つものと解されている。そのため, 法の効力の本質を理解するためには,「法の妥当性」と「法の実効性」の特徴と違いを認識しなければならない。

　まず「法の妥当性」とは, 事実の何たるかを問わず, 法の運用が必ず求められている状態のことをいう。例えば未成年者飲酒禁止法（大11法20）の1条では,「満20年ニ至ラサル者ハ酒類ヲ飲用スルコトヲ得ス」と未成年者の飲酒を禁止しているが, これにより体質的にアルコールに強い未成年者であっても, この禁止規定の遵守が求められることになる。また法の妥当性には, 法の運用が円滑に行われていなくとも, その妥当性が損なわれることはない。例えば刑法235条は「他人の財物を窃取した者は, 窃盗の罪とし, 10年以下の懲役又は50万円以下の罰金に処する」と規定しているが, 窃盗犯のなかには逮捕を逃れたり, あるいは逮捕されても証拠不充分で起訴されないケースもある。しかしながらこのことによって, 刑法235条の妥当性は損なわれることなく, 窃盗罪は依然として裁判の準則として妥当する。このように法には妥当性が重要となるが, その妥当性のレベルは単なる要求程度に止まることなく, 実社会を動かすような要求レベルに達していなければならない。このような妥当性を備えてい

なければ，法は効力ある法として認められないのである。

　法の効力には，この「法の妥当性」の他に「法の実効性」も必要となる。「法の実効性」とは，法が社会生活上の事実を動かして，その示す通りに行われるとする法の性質のことをいう。このような性質が具現化されるためには，法のもつ規範的意味が社会生活上の事実に根差していなければならない。そうでなければ，法は何ら役に立たない空文・死文となってしまう。かつて学説の一部には，法は妥当さえしていればよく，この法の実効性を重視しない見解もあった。しかしながらこの見解に立つと，法に対する服従者がいなくとも法は法であるといった歪んだ現象をもたらすため，現在ではこのような考え方は否定されている。

　この法の実効性に関しては，次のような性質がみられる。第1に，法は常に適用されていなくとも，その実効性は損なわれないという性質である。例えば刑法81条の「外国と通謀して日本国に対し武力を行使させた者は，死刑に処する」とする外患誘致罪は，これまでに一度も適用されたことはないが，これによって刑法81条の実効性が否定されるというわけでなく，単なる実効性の中断として解されるのである。そして，第2の性質としては，法への違反行為が，法の実効性を弱めるものではないということである。例えば未成年者飲酒禁止法については，未成年者による飲酒事件・事故がたびたび報道されるが，このような違反行為によっても禁酒法の実効性変化は生じない。

　このように法の効力には，「法の妥当性」という法が事実として行われなければならないとする要求と，「法の実効性」という法が事実として行われているという2つの性質がみられ，法の効力はこの2つの結合関係によって成り立っているのである。しかしながらその一方で，この2つの性質は矛盾関係にあることも認識しなければならい。例えば，未成年者飲酒禁止法は妥当性をもった法規ではあるが，実効性の面ではこれを守らない未成年者がいる。また刑法81条の外患誘致罪のように妥当性のある法として施行されていても，実効性の面ではこれまでに一度も適用されていない法もある。このように「法の妥当性」と「法の実効性」は矛盾した関係になることもあるが，実はこの矛盾関

係のなかに「法の効力」に関する重要な作用をみることができる。たとえば未成年者飲酒禁止法は，一部の未成年者によって違反されているという事実はあるが，その一方で大多数の未成年者に対しては規定通りに実効されるという「可能性」がある。また，外患誘致罪については，ある者が外国と連絡して日本への軍事的攻撃を行えば，この刑罰がいつでも現実問題として適用され得るという「可能性」をもっている。このように「法の妥当性」と「法の実効性」との矛盾関係から，法が実効的に適用され得るという「可能性」をみることができるのであり，この「可能性」こそが，法の効力の本質として現在理解されているのである。

(2) 法の効力の根拠

この法の効力に関しては，その効力の根拠をどこに求めるかについて，これまで多くの学説がそれぞれの論旨を展開してきている。現在においては支持されていない学説もあるが，法の効力の根拠に関する学説のうち，次のようなものが一般的に知られている。

① 神 意 説

神意説は，法の効力の根拠を神の意思に求める説で，法と宗教的規範とが分化していない原始社会において発生した考え方である。そのためタブーのようなものが，神意による社会的禁忌として扱われ，ハンムラビ法典などの古代法典は，この神の意思に基づいた掟として理解されている。熱湯に手を浸して事実の正邪の確認を行ったという，わが国の盟神探湯（くかたち）などの神判もこの発想による。

また，中世ヨーロッパで発達した王権神授説も国王の統治権は神から授けられたもので，国王は神に対してのみ責任を負うとしていることから，この王権神授説も神意説の一形態となる。ただしこの神意説は，法と宗教の分化が進み，法の実証的思考が進んだ今日では支持されていない。

② 命 令 説

命令説は法を主権者による人民への命令とみなし，法の効力の根拠は主権者の意思に基づくものとしている。しかしながらこの命令説は，国際法などの国

家間の合意に基づく法や，慣習法といった人々の間で行われている法などの効力について，十分に説明することができないといった問題点がある。

③　自　然　法　説

自然法説とは，法には人為的な作用を超えた自然的かつ人間の本性に基づく法があるとし，この本性に法の効力の根拠を求め，立法者はそのような法を発見しているに過ぎないと説明する。この自然法の概念については時代によって変遷もみられるが，基本的に自然法説の理解は実定法との対比で捉えられており，自然法は実定法との二元論的な関係にある。そして，もし実定法が自然法に矛盾する場合には，人間の本性に基づく自然法の方が優先され，実定法の効力は認められないことになる。このような自然法説は近世になると注目を集めるようになり，ジョン・ロック（John Locke, 1632-1704），モンテスキュー（Charles-Louis de Secondat, Baron de Montesquieu, 1689-1755）そしてルソー（Jean-Jacques Rousseau, 1712-1778）らが展開した社会契約説は，この自然法思想の影響を受けたもので，これが1787年に成立するアメリカ合衆国憲法や，1789年のフランス人権宣言へとつながってゆくことになる。

ところでこの自然法説への評価は，その時々の歴史的事情によって変化している。たとえば19世紀において国民国家論に基づく近代的な国家体制が確立すると，自然法説のような国家成立以前の自然状態を重視する考え方が後退し，経験的に検証可能であって，社会的事実として存在する実定法を法学の対象とする法実証主義や歴史法説が主流となる。そのため，自然法の説く正義や道徳といった形而上的な要素が重視されなくなり，後にこのような姿勢が悪法に対する批判的態度を失わせ（「悪法も法のうち」），ナチス法体制へとつながったとの批判がなされている。このような反省から第2次世界大戦後は，再び自然法説が脚光を浴びるようになり，日本国憲法ではこの自然法思想に基づく人権尊重主義や平和主義の理念が採用されている。ただ，このように自然法への評価が変遷することについては，自然法の普遍性という点で問題があり，自然法説には理論的に解決すべき点もいくつか存在している。

④ 歴史法説

歴史法説とは，法は国民の間で経験的，自然発生的に成立するものとして理解する学説で，言語が民族精神の現れであるのと同じように，法の効力も民族の法的確信により生じるとし，19世紀初頭のドイツで展開された学説である。この頃のドイツでは，ナポレオン1世（Napoléon Bonaparte, 1769-1821）の失脚によりフランス民法典が廃止され（当時のドイツでは，ナポレオンの侵攻によってフランス民法典が導入されていた），これに代わるドイツ人のための民法を制定をめぐり，活発な議論が行われていた。歴史法学はこの議論と連動したものである。このように歴史法説は，法の基礎を国民自身の本質とその歴史の軌跡を重視するが，問題点としては，この説の場合，慣習法の法的効力についてはその説明が成り立つものの，民族間で自然発生したものでなく，さらには歴史的背景をもたないような立法に対しては十分な説明ができないとの批判がなされている。

⑤ 実力説

実力説とは，法は支配者の意思によって作り出され，支配者の実力を背景にして有効に行われるとする説である。逆説的にいえば，この説は支配者の実力の基礎が消滅すると法の効力は失われることになり，このことが実力説の問題点となっている。それは支配者でありながら権力を喪失したり，あるいは服従者にその地位を奪われるといった例が歴史上多々起きているからであり，このような状況から，法の効力を支配者の実力に求めるとする実力説の論旨は，十分な事実的背景を備えていないとの指摘がなされている。そのため，実力説の問題点を意識して登場したのが次の承認説である。

⑥ 承認説

承認説とは，法の効力が生じるためには，社会構成員の多数の人々が法を法として承認し，これを遵守することによって法の効力が保たれると説明する。実力説と異なり，法の効力となる実力は支配者がもつのではなく，被支配者側である社会構成員にあると説くのが承認説の特徴である。そしてこの承認説によれば，法の効力の根源ともいうべき承認の内容については，積極的な順

法精神に基づくものであろうが、強制を恐れての不承不承の順法意識であろうが、その承認内容は一切問わないとしている。しかしながら、このような理解であると、ここでいう承認とは、既存の法に対する承認といった受動的なものであって、社会構成員の多数が承認を拒み、新たな法秩序を求めるような能動的作用までは、論理的に対応できていないとの指摘がなされている。

⑦ 世　論　説

これに対して世論説は、承認説が法の効力の基礎を社会構成員の多数とするのに対し、この説では社会的な世論に法の効力の基礎を求める。そのため、世論が既存の法秩序を支持していれば、法も有効な法として実社会を規律するが、もし世論が変動して新たな要求が大勢を占めれば、法も変革するということになる。このように世論説は、承認説に欠けていた法の効力に関する能動的作用についても説明できている。しかしながらこの世論説にも問題点があり、それは世論を多数意見としてみていることにある。例えば、A法が成立した時、Bという意見が少数世論だったとしよう。ところが後になってBの意見が多数となってB法が成立したような場合、この現象を世論説によって説明すれば、世論が単にAからBに移ったから、ということになる。しかしながらこの世論説では、なぜ世論である多数意見がAからBに移ったかの分析まではその考慮の対象とはしていない。そのため、世論説のいうように世論を法が成立する原動力としてみるならば、その原動力の分析も必要となるが、この説では理論上それが十分にできていないという問題点を抱えている。

⑧ 団体意思説

この世論説の批判に対して、ヘーゲル（Georg Wilhelm Friedrich Hegel, 1770－1831）の展開する団体意思説が、法の効力の根拠について次のように説明している。ヘーゲルによれば、世論とは、単に多数個人の意見の集積に過ぎないものと、共同体の普遍意思が多数個人の意見を通して現れるものの２つがあるとし、このうち前者が世論の仮象であって、後者の方が世論の本質としている。そして国家の普遍意思が多数の国民の自覚を通して現れた場合に、その世論は法の基礎となり、なおかつそれ自体が法とされる。このようにヘーゲルは世論

を通して，法の本体である国家の普遍意思を把握しようとするのだが，問題は社会が複雑化すると個性の相違や価値観の多様性などによって，普遍意思の確立やその調整が難しいのではとする意見が出されている。

⑨ 法段階説

これに対して法段階説とは，法規の段階構造に基づいて法の効力を説明する学説である。この学説によれば，法秩序は最高の根本規範を頂点にして憲法・法律・上級命令・下級命令という段階構造を形成しており，上級規範は下級規範を通して具体化され，下級規範は上級規範の委任を受けて妥当するとしている。つまり，法の効力はこのような段階構造から生じるとこの説は説明するのであるが，問題は法秩序の頂点にたつ根本規範について，この説ではその妥当根拠をそれ以上問わないとしているため，これが法段階説の難点とする指摘もある。特に現実問題として，革命など実力で憲法が廃棄され，その廃棄した実力で新たな憲法が制定されたような場合，法の妥当性を委任関係としてみる法段階説では，この現象を説明できないとの批判もある。

⑩ 事実の規範力説

事実の規範説は，法は法価値や法理念に基づいて発達するが，他方で法は事実を根拠として成立せざるを得ない場合があり，この事実の支持を得て法の効力が発生すると説明する。つまりこの説によれば，ある行為に関する法規定がなくとも，事実上その行為がすでに慣行として行われていれば，やがてその慣行は法として認識されるようになるとしている。このような法の効力の理解により，法段階説が説明できなかった革命後の新憲法についても，新憲法を事実の規範化としてみることによって，法の効力に関する説明が可能となる。しかしながらこの事実の規範説にも，次のような問題点の指摘がなされている。それは，革命後における新憲法の制定は事実の規範化としてみることができるが，このように規範化できた要因を何に求めるのかということである。この批判的見地によれば，その要因には，革命による新憲法の制定が旧秩序を打破し，新秩序を建設しようとする理念・目的があったからこそ事実の規範化が可能であったのであり，事実の規範説はこの目的という要因を十分に評価していない

との指摘がある。このようなことから批判説は、法の効力を創出する力をこの学説のいう事実だけではなく、事実に基づき法の意味を与えようとする目的に法の効力の根拠を求めるべきと主張している。

⑪ 目　的　説

事実の規範説に対する批判的見解として登場したのが目的説である。目的説とは、法には共同体の活動によって実現されるべき客観的な目的が内在しており、その目的が法を作り出し、法の効力を維持する根拠になると解する説である。この説でいう目的とは、ある社会、ある時代のさまざまな要求を、いままでの制度や組織よりも、よりよく満足させられるための目的のことを指す。例えば、既存の制度・組織をそのままにしていただけでは、もはや人間共同体としての社会生活を維持できなくなった場合、このような旧弊を変革するという目的の下に、その社会の構成員の間に共有する社会的意識に基づいて、既存の秩序に対して新たな流れをもたらそうとする動きが生じる。つまりこのような動きが、法の生成の源泉となり、法の効力を形成する大本になると目的説は説明する。現在、この目的説が有力説となっており、法の効力の根拠を構成員間で形成される社会的意識・目的に重点をおくとするこのスタンスが、現在の民主体制にかなうものとして評価されている。

2　法の効力の範囲（法の適用範囲）

法の効力の範囲といった場合、おもに3つの範囲が考えられる。第1には「時」に関する法の効力で、これは法の始期・終期といった時間的効力に関する範囲となる。第2には「所」に関する法の効力であり、これは成立した法の空間的な適用範囲を意味する。そして、最後の第3には「人」に関する法の効力であって、成立した法が誰を対象にしたかという人的範囲をテーマにしている。

(1)　**時に関する効力範囲**

法の時に関する効力の範囲といった場合、まず法の始期としては法の成立・公布・施行といった、法の効力が形式的に形成されてゆく過程が重要となる。

例えば法律の場合，日本国憲法下では基本的に国会に対して議員または内閣が法律案を提出し（国会法50条の2，同法56条，内閣法5条），各院の委員会と本会議での審議を経て可決された法律案が「法律」となる（憲法59条1項）。その後，法律は法律案を成立させた議院の議長から内閣を経由して天皇に奏上され，天皇は法律に署名して御璽を押し，奏上の日から30日以内に天皇が内閣の助言と承認に基づいて公布する（憲法7条1号，国会法66条）。そして公布の事実は閣議決定を経て官報で行われるが，その際には法律番号を付けて，主任の国務大臣の署名及び内閣総理大臣の連署（憲法74条）がなされる。

　では，法律は公布されることによって，どのような法的効果が生じるのであろうか。現在，公布の法的意味は，法律が施行されるための一要件として解されており，公布手続の完了で法律としての効力は生じない。効力が生じるのは施行によってであり，その施行期日については，基本的には公布された法律の附則に定められる。もし施行期日の定めがない場合には，公布の日から起算して20日を経過した日から施行されることになる（法の適用に関する通則法2条）。このような公布から施行までの期間を周知期間といい，例えば日本国憲法の場合，昭和21（1946）年11月3日に公布されたのち，半年間の周知期間が設けられ，昭和23（1948）年5月3日（現，憲法記念日）より施行されている。また公布と施行が同時に行われる場合もあるが（即日施行），この手続について最高裁判所は，一般国民が即日施行を知らせる官報が閲覧・購読できる状態に置かれた時点としている（最大判昭33・10・15刑集12巻14号3313頁）。

　このように法律は施行によって，法としての効力が発生するが，当然に施行以前に遡って法の効力が及ぶことはない。これを法の不遡及の原則という。この法の不遡及の原則の意義は，法を過去に遡って適用することにより，社会生活が混乱してしまうことをさけ，旧法によって生じた法律関係（例えば既得権など）を保護するなどといった，社会生活の安定を目的としている。そのためこの原則は，時に関する法の効力のなかでも，最も重要な原則として位置づけられている。ただし，もし社会的または国家的な見地から，過去に遡って法を適用する必要性が出てきた場合には，特別の規定を定めて例外的に法の遡及効

が認められることもある。その一方で刑事法の領域では、このような法の不遡及の原則の例外は一切認められない。日本国憲法39条では「何人も、実行の時に適法であつた行為又は既に無罪とされた行為については、刑事上の責任を問はれない」と、罪刑法定主義の派生原理として刑罰の遡及効を特に戒めている。そのため平成22（2010）年4月27日に即日施行された改正刑事訴訟法は、憲法39条の遡及効の禁止に抵触する可能性があると指摘されている。それはこの改正刑事訴訟法の内容は、人を死亡させ、そしてその法定刑の最高が死刑にあたる罪（殺人罪など）の公訴時効を廃止したものだが、その時効廃止の対象となる事件が改正後に発生した事件はもちろんのこと、改正時に時効が進行している事件、つまり改正前に発生した刑事事件に対しても一律に適用されるため、この点が遡及効を禁じる憲法39条の関連で問題視されたのである。

　法の廃止については、成文法で明文をもって廃止する場合とそうでない場合があり、前者を明示の廃止、後者を黙示の廃止という。明示の廃止とは、まず第1に、法があらかじめ施行期間を限定している場合があり、これを期限付き立法といい、施行期間の満了によって効力を失う。近年では平成20（2008）年1月16日施行の新テロ対策特別措置法（平20法1）が期限付き立法として知られており、平成21（2009）年1月15日までの1か年に限ってその効力を有すると定めていた。ただしこの法律は国会で1年延長させる改正法案が成立したため、これに基づき自衛隊の活動も継続されたが、その後は延長のための特別立法が制定されなかったため、平成22（2010）年1月16日午前零時をもって期限切を迎え、自衛隊もその活動を終了させている。そして明示の廃止の第2には、別の新しい法令で廃止が定められる場合がある。例えば、かつての伝染病予防法（明30法36）などは、新たに制定された感染症法（平10法114）に廃止規定（同法附則3条）が置かれ、それにより失効している。このように法律を廃止する場合は、当然に法律によって行われるものであって、政令などの下位法による変更・廃止は認められない。一方、法の黙示の廃止としては、既存の法令と内容的に抵触するような新たな法令が制定された場合がこれにあたる。ただし、新法と旧法との間に一般法と特別法の関係がみられる場合には、この黙示の廃

止は認められない。また，一般法と内容の異なる特別法が制定されても，当然に一般法は廃止されるものではなく，また逆に特別法と内容の異なる一般法が新たに制定されても，従来行われている特別法はその効力を失うものではない。なお黙示の廃止についても，下位法による変更・廃止は認められていない。

(2) 所に関する効力範囲

所に関する法の効力としては，その国の主権が及ぶ空間的範囲を原則とし，具体的にはその国の領土，領海および領空になる。このうち領土とは，国家の領有権が認められた陸地のことをいい，領海は領土の外側にあって，その国の主権の及ぶ海域をいう。この領海の範囲は，現在，日本では海洋法に関する国際連合条約（1994年発効）に基づいて，基線である海岸の低潮線から12海里（約22.2km）までとしている。そして領空は領土，領海の空域のことを指す。

この所に関する効力範囲については例外もあり，例えば大使館などの在外公館の敷地は，国際法上，接受国の警察といえども大使館などの同意なしに立ち入ることができず，派遣国の管轄権が適用される。また日本の刑法では，日本国民が所有する船舶内（所有者が日本国民であっても，租税対策上外国籍としている船舶は別）や日本籍の航空機内などの犯罪行為について，主権の及ばない公海上にあっても，船舶や航空機内の帰属国の法が適用されることになっている（刑法1条2項）。

なお近年では，ネットワーク上の不法取引やコンピュータ・ウイルスによる意図的な妨害行為など，コンピュータ・ネットワーク上のサイバー犯罪が発生している。このようなサイバー犯罪は，世界規模で展開しているネットワーク上で行われているため，現在，所に関する法の効力としては，このサイバースペース上の法的規制の問題が生じており，今後，法の効力が及ぶ場所や範囲の理解に大きな変化をもたらす可能性がある。

(3) 人に関する効力の範囲

人に関する法の効力に関しては，「属地主義」と「属人主義」の二つの考え方がある。まず属地主義とは，法の効力の及ぶ範囲をその法を制定した領域内に止めるという考え方である。そのため国家主権に基づき制定された法は，国

籍の有無に関係なく，国内に居住する者に対して一律に適用されることになる。ただしこの属地主義には例外があり，具体的には外国の元首や外交使節，あるいは外国の軍隊に対しては，滞在国の法が適用されないという特殊な地位が国際法上保障されている。

これに対して属人主義とは，法の効力が人の居所に関係なく，その人に対する固有のものとして法が適用されるという考え方である。これを国法形式でたとえると，その国の国籍を有する者に対しては，その所在地に関係なく国籍国の法が適用されることになる。この属人主義に関する具体例としては，まず公法上の権利義務をあげられ，参政権や納税の義務などは外国に滞在していても適用される。また刑法分野でも属人主義の性格をもった規定が置かれており，例えば日本の刑法3条によれば，日本国民が海外で殺人や強盗などの重大な犯罪行為をした場合，日本刑法ではその者を処罰すると規定している。このように日本国民が海外にあっても，日本刑法の処罰対象にする方式を積極的属人主義という。これに対し刑法3条の2では，日本国民が海外で外国人から犯罪行為を受けた場合に，この外国人加害者に対しても日本刑法が適用されると規定しており，このような方式を消極的属人主義という。また，法の適用に関する通則法（平18法78）によれば，婚姻，離婚，親子関係などの国際私法上の問題は，外国に滞在していても本国法の適用を受けると規定しており，これも属人主義を採用した内容となっている。

このように人に関する法の効力については，属地主義と属人主義の考え方があるが，この二つのうち属地主義の方が人的効力についての原則的な立場となる。なぜならば，法の効力は，国際法上，国家主権の発動としてその領域内に限られているからであり，刑法や税法といった公法規定もこの見地から属地主義を原則としている。そのため，刑法上の属人主義的な規定はあくまでも例外的な扱いとなる。

第2節　法と裁判

1　裁判制度

　裁判とは，社会生活上のトラブル，具体的には法的な紛争を公権力によって判定を行い，トラブルの当事者に対して強制力を用いて解決を図るものでもある。憲法76条1項は，「すべての司法権は，最高裁判所及び法律の定めるところにより設置する下級裁判所に属する」と規定し，裁判所を最高裁判所と下級裁判所（高等裁判所，地方裁判所，家庭裁判所，簡易裁判所）の2つに分けている（裁判所法2条1項）。日本国憲法下では，特別裁判所の設置は禁止されている。例えば，明治憲法下の皇室裁判所，行政裁判所や軍法会議などがこれである。さらに，行政機関が終審として裁判を行うことができない（憲法76条2項）が，裁判所での裁判の前審としてならば差し支えない（海難に関する審判を行う海難審判所，国税についての行政処分に対する審査請求について裁決を行う国税不服審判所など）。これら行政機関の判断に不服がある場合は，裁判所で裁判を受けることができる。

　また，わが国の裁判所には違憲審査権が付与されている。憲法81条は最高裁判所が違憲審査権を独占するという意味ではなく，下級裁判所も違憲審査権を有し（最大判昭和25年2月1日刑集4巻2号73頁），最終的な判断を最高裁判所が行うという意味と解すべきである。

　日本における裁判制度は刑事裁判と民事裁判に大きく分類することができる。また，現行憲法下では，行政裁判が民事裁判の中に含まれている。刑事裁判は犯罪が成立しているか否か，成立している場合どのようなまたはどの程度の刑罰を科すことが可能か否かを審査した上で，その犯罪に応じた具体的な刑罰を決めるものである。

　民事裁判は，私人間相互の生活に関する法的紛争，つまり個人間での権利義務に関する紛争を処理するものである。民事裁判では当事者の意思に従って解

決されることが原則とされる。そのために，民事裁判では裁判の開始やその争点及び裁判終了に関する判断は当事者に委ねられている。つまり，裁判を行わず示談などの方法により自主的な解決がなされる場合や，裁判が開始された後でも，判決ではなく調停や和解で裁判を決着させることもある。これを処分権主義という。また，裁判では必要な証拠や資料の収集することも当事者に委ねられている。これを弁論主義という。

　最後に行政裁判であるが，現行憲法下では特別裁判所の設置が禁止されているため，行政裁判も司法裁判所によって民事裁判として扱われている。ただ，その性格や手続など異なる点が多いため，行政裁判の形態や詳細な手続きなどについては行政事件訴訟法によって定められている。

2　裁判にかかわる人々

　日本において裁判にかかわる人々，特に法律の専門家として裁判に関わる人々を裁判官・検察官・弁護士という。これら三者は総称して法曹あるいは法曹三者という。このような法律専門職に就くためには，原則として司法試験に合格しなければならず，さらに司法試験受験資格を得るためには，法科大学院（ロースクール）を修了するか，または司法試験予備試験に合格しなければならない。これらの者が司法試験に合格すると，司法修習生となり司法修習所で法曹実務の知識や経験などの修習を受け，修了試験を経た後に，裁判官や検察官に任官されるか，あるいは弁護士となって弁護士会に登録することになる。

　裁判官の種類として，最高裁判所は，天皇が内閣の指名に基づいて任命する最高裁判所長官（憲法6条2項）と，内閣が任命する長官以外の最高裁判所判事（79条1項）で構成されている。下級裁判所は，高等裁判所長官，判事，判事補および簡易裁判所判事の4種類がある。判事には，判事補以外にも，弁護士や大学教授などからも任命できる（裁判所法41，42，43条）。近年では，弁護士任官制度が推進されている。定年は，高等裁判所，地方裁判所および家庭裁判所の裁判官は65歳，簡易裁判所判事は70歳である。

　検察官は，刑事裁判において原告の立場に立ち，検察官は国家を代表して国

家の名の下に犯罪者を裁きにかける。これを検察官起訴独占主義という（刑事訴訟法247条）。また検察官は，被疑者を裁判にかけるか否か（起訴・不起訴）を決める。これを起訴便宜主義という。検察官の種類は，検事総長，次長検事，検事長，検事，副検事の5つある。そして，検察官の検察事務などを統轄する官庁として検察庁が置かれている。検察庁は行政官庁であるが，裁判に関わり国民の権利と密接に関連する権限（起訴権など）を行使するため準司法機関とも呼ばれる。したがって，検察官は，他の省庁の公務員よりも政治的中立性が強く求められ，さらに政治的介入を防ぐために手厚い身分保障が与えられている。

弁護士は，主に訴訟当事者の代理人としての役割を担っているが，裁判官や検察官と違い公務員ではなく，民間人である。弁護士の職務は刑事裁判や民事裁判で，被告人や訴訟当事者（原告・被告）の代理人として活動し，「基本的人権を擁護し，社会正義を実現することを使命とする」（弁護士法1条）とされ，被告人や当事者の利益と人権を守るという職務を果たす。

法曹三者以外にも法律実務においては，司法書士，税理士，弁理士，行政書士，公証人といった法律の専門家も関わっている。

3　裁判の特質

裁判の特質は，裁判による個別・具体的な紛争を現に存在する法令などを適用して解決を図ることである。これを「法律上の争訟」（裁判所法3条）という。つまり，個人的な主観・感情に基づくトラブルや法律分野では解決できない紛争などは裁判の対象にならない。つまり，裁判は，すべてのトラブルに対処できるものではなく，一定の限界があるというところにも特質があるといえる。

裁判では当事者を拘束する判決，決定，命令，強制執行といったものがある。前述のように，裁判所はその結論として裁判の当事者に対して強制力をもって当事者を拘束する。

ただ，判決や決定などは，直接の関係当事者の範囲を超えて，立法や行政に事実上の影響力を及ぼすことがある。これを裁判の政策形成機能といい，近年

注目されている裁判の特質の1つといえよう。基本的には当事者間の問題を解決する裁判所であるが，その機能を超えて，訴訟が行政や立法機関に一定の施策や立法的措置を講じさせる政治的・社会的インパクトを与えることも目的とする場合がある。このような政策形成訴訟によって政策実現した例がある。例えばハンセン病国家賠償訴訟や薬害肝炎訴訟，原爆認定集団訴訟がこれである。

一方で，裁判に政策形成機能を認めるとたとえ国が裁判に勝ったとしても何らかの政策に対して判決で改善を促されれば，政府や国会は「政治的」に検討せざるをえなくなってしまう。したがって，裁判がこの政策形成機能を発揮し過ぎてしまうと，裁判と政治が混同されてしまい，裁判本来の目的である具体的事件に対して法を使って解決するという機能が損なわれるおそれもある。

4　裁判における法の適用

裁判における法の適用は，形式的には法的三段論法でなされる。法的三段論法とは，法令などを大前提とし，具体的事実を小前提として，法規を具体的事実に当てはめることによって結論，つまり判決などに至ることをいう。そこで実際に裁判で行われている法的三段論法は，例えば，刑事裁判において，AがBを包丁で殺害した場合，適用される法令は刑法199条「人を殺した者は，死刑又は無期若しくは5年以上の懲役に処する」であり，この法令が大前提となり，裁判の審理の過程で「Aは殺意をもってBを殺した」という事実の認定がなされれば，これが小前提を構成し，結論として「Aを死刑又は無期若しくは5年以上の懲役」という刑罰のどれかが選択され判断が下される。

また民事裁判の場合でも，例えば，Aが車を運転中に交通事故を起こしBに怪我を負わせてしまった場合，適用される法規は民法709条「故意又は過失によって他人の権利又は法律上保護される利益を侵害した者は，これによって生じた損害を賠償する責任を負う」であり，これが大前提となり，「Aが車でBを怪我させた」という具体的事実を当てはめ，Aに故意又は過失があったか審理し，事実認定が行われ，故意又は過失が認定されれば民法709条に従ってAはBに生じた損害を賠償する責任を負うことになるので，裁判所は「被告

(A) は原告 (B) に対して金〇〇〇円を支払え」という判決を下すことになる。

第3節　法の解釈

1　法の解釈の必要性

　法は，私たちの生活の中で発生するできるだけ多くの個別的，具体的な事実に適用することができるように，一般的，抽象的な形で規定されている。
　法の適用は，社会の中で実際に発生した個別的，具体的な事実に，この一般的，抽象的な法をあてはめて実現することである。すなわち，法の適用は，事実関係を法令の定めている要件にあてはめること，具体的には問題となり得る事実が要件に該当するかどうかについて判断し（事実認定，事実の確定），該当する場合には，その法令が定める効力，効果を機能させることである。法のはたらきは実際の社会生活を規律し，法秩序を実現するものであるので当然のことといえよう。
　法の適用は形式的には，三段論法により行われる。

2　法の解釈の方法と技術

(1)　有権解釈

　有権解釈は，法を解釈する権限を与えられている国家機関によって行われる解釈である。有権解釈は，これを行う国家機関の違いにより，立法解釈，行政解釈，司法解釈の三種に分けられる。

(a)　立法解釈

　立法解釈（法定解釈，法規的解釈）は，立法の方法により行われる解釈である。立法解釈は，その形式によって，次の二種に大別することができる。
　まず第一に解釈に関する一定の基準を示すもので，一般に解釈規定といわれるものがある。例えば，民法2条では「この法律は，個人の尊厳と両性の本質的平等を旨として，解釈しなければならない」として，民法全体の解釈の基準

を示している。

　第二に法令上の定義を示すもの。これは，さらに次のように細分化することができる。

① 同一法令中に解釈規定が設けられる場合。例えば，民法85条は，「この法律において『物』とは，有体物をいう」，刑法7条1項は，「この法律において『公務員』とは，国または地方公共団体の職員その他法令により公務に従事する議員，委員その他の職員をいう」とし，また借地借家法2条では，その1号から5号において，借地権，借地権者，借地権設定者，転借地権，転借地権者に関する定義をしている。

② 付属法規に解釈規定が設けられる場合。例えば，民法467条2項では，指名債権譲渡の対抗要件として「確定日付のある証書」を要するとするが，民法施行法5条では，その1号から6号で，確定日付のある証書を定義している。

③ 法文のなかに適例が挿入される場合，例えば「学術，技芸，祭祀（さいし），宗教，その他公益を目的とする法人……」と規定し，公益に関することについて具体的な例を示している。このように立法解釈はそれ自体が法であるから，他の解釈と異なり，絶対的に服従すべき権威的な解釈である。

(b) 行 政 解 釈

　行政解釈は，行政官庁により行われる解釈である。行政官庁が法の執行にあたり，自発的な解釈，または上級官庁が下級官庁に対して訓令，通達，指示などの形式で行う解釈である。訓令や通達は，行政機関内部での命令であって，法としての性質を有しない。したがって，政令，省令などの命令が，法律の委任を受け法律用語の解釈をした場合（憲法73条）などを除き，国民や裁判所を直接拘束するものではない。その解釈に基づいて，行われた行政解釈である訓令や通達に異議があれば，不服申立ての制度，裁判を通じ，この解釈の妥当性について争うことができ，裁判所はこのような争いのある行政解釈の有効性について審査することができる。

(c) 司法解釈

司法解釈は，司法機関，すなわち裁判所が，具体的な事件において法を適用する際に行う解釈であり，通常「判決」などの形によって示されるものである。判決は，当該事件に関する限り重要な意義を有する。わが国では三審制を採用しており，上級審の裁判における裁判は，下級審を拘束する（裁法4条）。しかし，司法解釈は，原則として当該事件の具体的な事情の下での解釈であるため，たとえ最高裁判所の判決であっても，必ずしも絶対的効力を有するものではなく，最高裁判所自らがその変更をすることができる（裁法10条）。

(2) **学理解釈**

学理解釈は，有権解釈のように一定の国家機関が権限に基づいて行う解釈ではなく，法の意味内容を純粋に学問的立場から解釈するものである。

学理解釈はそれ自体直接法的拘束力を有するものではないが，司法解釈や行政解釈に取り入れられ，さらには法のなかにも取り入れられるものである。

(a) 文理解釈

文理解釈（文言解釈）は，法文の文字，字義に基づいて文理に従い，言語的に行う解釈である。文言の意味を厳密に解釈することは，最も基本的な解釈の仕方である。成文法に使用されている文字や文章の意味に従って言語的，常識的に解釈する方法である。例えば，「土地の工作物の設置又は保存に瑕疵があることによって他人に損害を生じたときは，その工作物の占有者は，被害者に対してその損害を賠償する責任を負う」（民法717条1項）にいう「土地の工作物」は，「土地に接着して人工的作業をして成立した物」（大判昭3・6・7民集7・443）とするのは文理解釈である。

文理解釈は，法的安定性に優れるものの，文言にとらわれすぎると，形式的なものとなり硬直化した解釈に堕するおそれがある。

(b) 論理解釈

論理解釈（体系的解釈）は，法文の字句にとらわれることなく，立法の目的，沿革，精神，適用結果などその他一切の事情を考慮し，論理の法則に従って法文を合理的に判断し，その意味について確定することである。この論理解釈に

は，文言，文字の意味を広げたり狭めたりすることにより，文理解釈と調和させる拡張解釈，縮小解釈，変更解釈ならびに文言，文字の意味には含まれていないが，法文の言外に法を読み取る反対解釈，類推解釈，勿論解釈がある。

① 拡 張 解 釈

拡張解釈は，法文の字義，文章を法の目的に照らし，通常の用法よりも拡張して解釈することである。例えば，民法233条2項の「隣地の竹木の根が境界線を越えるときは，その根を切り取ることができる」という規定の竹木には，草も含むと解釈する場合である。

② 縮 小 解 釈

縮小解釈は，拡張解釈とは逆の場合で，法文の字義，文章を法の目的に照らし，通常の用法よりも縮小して解釈することである。例えば，民法754条は「夫婦間でした契約は，婚姻中，いつでも，夫婦の一方からこれを取り消すことができる」としている。判例は，ここにいう「婚姻中」とは，単に形式的に婚姻が継続していることではなく，実質的にもそれが継続している必要があり，したがって婚姻がすでに破綻している状態では，夫婦間の契約を取り消すことは許されないとの解釈をする（最判昭42・2・2民集21・1・88）。さらに，刑法199条の殺人の罪が規定する「人」には自己を含まないと解する（つまり，自殺の場合である）刑法235条（窃盗の罪）の対象である「財物」には，不動産を含まないとするような場合が縮小解釈の例である。

③ 変 更 解 釈

変更解釈（補正解釈）は，法文の字義，文義を普通の意味に解釈すると法の期待に反することが明らかな場合，これを変更して法の真意に沿うように解釈することである。例えば，借地借家法33条1項の「建物の賃貸人の同意を得て建物に付加した畳，建具その他の造作がある場合には，建物の賃借人は，建物の賃貸借が期間満了又は解約の申入れによって終了するときに，建物の賃貸人に対し，その造作を時価で買い取るべきことを請求することができる」などの規定において，「請求」は相手方の意思を必要とはしない一方的行為，すなわち，「告知」の意味に解するような場合である。

④ 反対解釈

反対解釈は，法令が規定する文字と反対の要件がある場合に，法文に規定されたものと反対の効果が生じるとする解釈である。例えば，憲法51条「両議院の委員は，議員で行った演説，討論又は表決について，院外で責任を問はれない」との規定から，院外で行った演説などについては，責任を問われると解することである（最判平9・9・9民集51・8・3850）。

⑤ 類推解釈

類推解釈は，ある事項に関して明文の規定がない場合に，他の類似する事項に適用して解釈することである。例えば，損害賠償の範囲において民法では「通常生ずべき損害の賠償」の範囲を規定しているが，不法行為による損害の範囲については，何ら規定がない。しかし，両者の損害賠償の範囲については，区別する根拠がないとして不法行為による損害の範囲についても民法416条の規定を類推して，同じような取扱いをするように解釈する。私法の分野では，合目的性，論理的整合性があると，類推解釈は重要な意味を有するものである。しかし，法律なければ刑罰なしという罪刑法定主義が支配する刑事法の分野では，国民の基本的人権を保障するために厳格な解釈が要求され，拡張解釈が認められることはあっても，類推解釈は禁じられている。

なお，法がとくにこのような類推規定を予定している場合については，通常「準用する」という表現を用いている。

⑥ 勿論（もちろん）解釈

勿論解釈は，明文がある事項についての立法精神に鑑み，明文がない事項においても明文がある場合と同様の法が存在するのが勿論である，当然であるとする解釈である。例えば，民法738条は「成年被後見人が婚姻をするには，その成年後見人の同意を要しない」と規定する。

そこで，成年被後見人よりも意思能力に関して不十分さの少ない被保佐人は，勿論保佐人の同意を得ることなく，自らの意思で婚姻をすることができると解釈するのである。また民法130条の「条件が成就することによって不利益を受ける当事者が故意にその条件の成就を妨げたときは，相手方は，その条件が成

就したものとみなすことができる」との規定は，条件よりも確実な期限付権利について適用されるべきこと勿論であるというような場合である。さらに「自転車通行禁止」のある場合，自動車は通行することができないのが勿論であるというような場合である。勿論解釈は法の規定していないほかの事項について，規定している法規を適用する場合であるから，類推解釈の一種であるということができるが，一般の類推解釈よりは類推の度合いが高い。

(3) **目的論的解釈**

目的論解釈は，法の本来の目的，基本的思想などに配慮しながら，あるいはこれらに沿うように，合目的的に法の意味，内容を探求し解釈することである。法社会学などの「社会学的方法」や，法が適用される紛争の利益・価値の対立を分析したうえで，どのような利益・価値が実現されるべきかという「利益衡量論」は，この目的論的解釈を重視するものである。

(4) **歴史的解釈（沿革的解釈）**

制定法の意味，目的に関して法の成立過程とくに法案，法案理由書，議事録などで制定当時に立法者や法案起草者が見解を明らかにしている場合に，これら立法の資料を参考にして法の歴史的な意味，内容に関して解釈することである。しかし，立法者の意思が必ずしも法を拘束するものではないので，他の解釈との併用が必要である。

第4章

国　　家

第1節　国家とは何か

　国家は多義的な概念であり，また国家そのものも抽象的で観念的な存在である。この国家をどのようにとらえるかという問題に対してはさまざまな方法がある。ここでは国家を法的にいかなるものとして説明するかという法学的国家論と，国家を因果関係や実在など実態からとらえる社会学的国家論についてふれる。

　法学的国家論は，国家を観念的・法規範的・当為的観点において，法学的権利・義務関係の主体と客体の関係から国家をとらえるものである。代表的なものとしてはドイツの法学者であるゲオルグ・イェリネック（Georg Jellinek, 1851-1911）の，国家を法的に統治権の主体とし，法律上の法人概念を適用して国家は法人であるとする国家法人説と，オーストリアの法学者でハンス・ケルゼン（Hans Kelsen, 1881-1973）による法秩序説がある。

　前者の国家法人説は，社会学的に国家を現実的集合的統一体である実在とし，この統一体に権利能力が付与されているとする。同時に権利の主体たる国家が意思を形成し行動する方法については，国家機関として行為する自然人の行為を通じ具体的に行為するという行為機関説によって二元的に説明する。

　この説は実在の国家に統治権を帰属させ，君主の地位を統治権の主体から国家機関として，その存在を正当化するものでもあり，明治憲法下における美濃部達吉の天皇機関説もこの影響を受けたものである。天皇機関説は天皇を統治

権の主体ではなく，国家法人の最高機関としてとらえ，統治権は天皇ではなく国家法人格に属するものであるとした。この学説は大正末期に東京帝国大学の教授であった上杉慎吉との論争を経てその後軍部の台頭による国体明徴運動で弾圧されるまで，当時の通説とされていた。

ケルゼンによる法秩序説はイェリネックの社会学的国家概念を排除し，国家を無数の権力的な法関係とし，国家をこの規範秩序・法秩序そのものであるとした。国家は憲法を頂点とするピラミッド型の法秩序であり，この法秩序においては上位の規範が下位の規範に妥当性の根拠を与えるとし，憲法に妥当性を与えるものが憲法の上位にある根本規範であるとする。機関が上位の法規範によって与えられた権限内で活動する限り，その行為は法的効力が認められ，行為の法的効果が国家に帰属するとされる。

国家を実在的・自然的・因果関係として考える社会学的国家論は，まず人々の生活や相互関係が存在し，それに基づいて社会や国家が成立するとし，国家を秩序維持のための統制と調整を行う特殊な社会とする。

社会学的国家論において，国家は秩序維持のための統制と調整を行う社会であり，国家は多数の人間の集団が構成員の変更にかかわらず，同一の集団として永続的に統一的組織体として存続する団体であるとされる。この団体とは多数人で構成された組織体であり，自らの意思を主体として行動するものである。

国家は一定の地域に居住する法的に組織された地域団体である。それは一定の地域を基盤として，その地域に定住する人間が，強制力を持つ統治権のもとに法的に組織された社会であり，その統治権の範囲は地域的，人的範囲内に限定される。そして，国家は法的に組織された団体であるため，国家の権力はすべて法によって規定され，その法が法として力を持つための根拠もまた法によって根拠づけられる。そのため国家の権力を行使するのは個人であるが，この権力そのものも法によって根拠づけられる。この組織を根拠づける法が憲法であり，国家秩序の基本を定めており，憲法によって国家が規定されるため，憲法は国家の基本法といわれる。

国家は国際法上においても，また法主体として権利義務が直接帰属する。そ

のため他のすべての国際法主体との関係において権利能力を主張し，自らの意思に基づいて新たに国際法規範を作りうる主体でもある。

第2節　国家の構成要素

　社会学的国家論に基づいて国家を考えると，国家とは一定の地域を基盤として，一定範囲の人間によって法的に組織された社会であり，領土，国民，主権が国家を構成する要素としてされ国家三要素説とよばれる。

　領域はそれぞれ国家の空間的基盤，国民は人的基盤であり，主権は実力をもって行使される統治権である。国際法においても国家をこの三要素からとらえる三要素説は，国際法主体として国家が事実上成立しているとしてその地位を他の国が認める国家承認にあたっての要件とされている。

1　領　　域

　国家は一定の地域をその存立の基盤としており，国家権力の影響を及ぼすことのできる空間的領域は単に領域または領土と呼ばれる。領域は国家が権力を行使する物理的な限界であると同時に，他国から独立した権能を行使するための基盤でもある。領域は国家がその領域を領有の対象とし任意に処分しうる側面と，国家権力を及ぼすことのできる空間，国家の統治が行われる空間としての側面がある。

　領域の構成は，一定範囲の地域である領土，その地域をとりまく一定の水域である領海，そして領土と領海の上方の空間である領空からなる。

　領海の幅すなわち領海の範囲は，かつて陸地から行使される権力の実効性の限界を基準として定められた3海里であるとされていたが，第二次世界大戦以降，自国の近海で外国の軍隊が行動することを阻止したいという軍事的な理由と，漁業技術の発展による先進国の遠洋漁業から自国の漁業を保護しようとする経済的理由から領海の幅をより広い範囲に主張する国が現れた。そのため領

海の幅を決定するために1958年に海洋法会議が開かれ，1982年第三次国連海洋法会議で採択され1994年に発効した国連海洋法条約で各国は領海の幅を12海里以内で定めることとなった。

日本は開国直後から領海を3海里としていたが，1977年に領海法を制定し，特定の海峡の海域を除いては，海図上の低潮線を基線としそこから外側の12海里（約22.2キロメートル）までの海域を領海とした。

領土と領海の上空である領空もまた国家の空間的領域とされる。しかし宇宙空間については，領空と異なる独自の法的地位が認められることから，1967年の宇宙条約によってどの国も宇宙空間と天体に対して領有権を主張することはできない。しかし，領空と宇宙空間との境界はまだ確定されていない。

2 国　　民

国民は国家の統治作用が及ぶ人的範囲である。国民はその国の国籍を取得した，安定的な共同社会の形成について共通の忠誠関係を基礎に成立する。国民の概念は形質的特徴による区分である人種や，言語・習俗・文化などを共有する民族と一致しない。

国民と国家の関係には，国民であることによって国家に服従し国法に遵うべき義務を負う受動的関係，国家の権力によって自由を侵害されない消極的受益の関係，国家に対して特別の行為や施設を請求しそれによって国民が利益を受ける積極的受益の関係，国家の機関として国家活動に参加する能動的関係がある。

その国の国民としての身分である国籍の取得，喪失についてはそれぞれの国家によって決定される。日本国憲法では10条で「日本国民たる要件は，法律でこれを定める」とあり，これを受けて国籍の取得については国籍法で準則が定められている。

国籍を取得するには出生による先天的取得と後天的取得がある。先天的取得について国籍法では原則として血統主義（属人主義）をとり，父または母が日本国民である時，出生前に死亡した父が死亡のときに日本国民であった時とし

ている。そして，例外的に日本で生まれた場合において，父母がともにしれないとき，または国籍を有しない場合において出生地主義（属地主義）がとられている。1985年に改正される前の国籍法では父系血統主義，父が日本国民である場合には子は日本国籍を取得するが，母が日本国民であっても子の国籍は認められず，例外的に父がしれない場合か国籍を有しない場合にのみに限られていた。

　後天的取得には，一定の要件を充たした日本国籍を有しない者の申請にもとづいて法務大臣が許可する帰化がある。日本に帰化した者は「日本国民」として，生来の日本国民と差別されることはない。

　また2008年の国籍法違憲判決を受けて，父母が婚姻していなくても，出生後に認知された子が法務大臣による届け出によって国籍を取得できるものとした。

3　主　　権

　国家に固有の支配権は「国権」，「統治権」，「主権」と呼ばれる。

　国家法人説においては国家の単一不可分の意思力を「国権」とし，「統治権」を一定の土地と人を支配する力とし，国家が国際法および国内法上有する権利の総体であるとして区別されることもある。

　しかし現在では「国権」と「統治権」は同義に使用されることが多く，同様に「主権」についても，同義に用いられることもある。国家の要素としての主権は，領土内の国民を統合し，その組織を維持し，その目的を達成するための国家に固有の支配権である。主権には司法・立法・行政の総体としての国家権力そのものと，国家権力の国家の対外的な最高独立性，国政についての最高決定権，の三つの意味がある。

　国家の要素としての固有の支配権は，領土内にある人やものを支配する権利である領土高権，国家の所属員を支配する権利である対人高権，国家の組織や権限について自らの意思によって定めることができる権限高権・自主組織権が，基本的能力であるとされる。

　領土高権は国家が一定の空間を基礎として存在し，その中にあるすべての人

や物を排他的に支配する権利である。その領域内にいる外国人に対しても，国際法の例外を除いて及ぶものである。対人高権は所属員である国民に対して，国家が支配する空間であるか否かを問わず支配する権利である。権限高権は国家の統治権を現実に行使する組織と，その権限を定める権限である。

第3節　国家の形態

　国家はその統治形態によって分類することができ，その区分方法は統治者の数や組織原理などによるものがある。このような国家形態の分類は，古くはアリストテレス（Aristoteles, B.C 384 - B.C 322）が統治者の数を基準として，統治者が一人である場合には君主制，少数である場合は貴族制，多数であり場合を民主制とした。そしてその腐敗した形態をそれぞれ専主制，寡頭制，衆愚制とした。

　その後マキァベッリ（Niccolò di Bernardo Machiavelli, 1469 - 1527）も統治者の数よって一人である場合を君主制と複数である場合を共和制とし，共和制は統治権を有する者が少数である場合貴族共和制，多数である場合には民主共和制と分類した。

　国家形態の分類は，区分同士がさらに組み合わされて，より細分化した区分を構成する。しかし君主制と共和制の区分については，現代において君主の地位は制限され，憲法上の地位も変化してきている。加えてこの分類においては，アメリカ合衆国もかつてのソヴィエト連邦も共和国となり，君主制・共和制については，単純な指標に基づく形式的国家分類を行うことは，現在においてはあまり意味をなさなくなっている。

1　民主制と専主制

　専主制と民主制とは，統治するものと統治されるものの自同性を有するか否かによって区分されるものである。

国家の統治意思と統治される国民の意思，為政者と被治者が同一である場合には自同性を有するとし民主制とされる。一方，為政者が被治者と同一でなく被治者の意思に関係なく国家権力を行使する，つまり為政者と被治者の自同性をもたない関係であるものを専主制という。

　専主制は国家権力を保持するものが，他の機関や憲法によって有効な制限を受けることなく，その意思に従って権力を行使する形態である。

　民主主義は主権者である国民が統治の政策形成過程への参加を保障するものであり，国民が直接・間接的に参加し，結論に至るまでに十分な討議が行われ，最終的には多数決原理によって決定されるものである。

　民主制は国民の政治的自治・自律を原理とし，国民が法律の制定や政策決定に直接関与する直接民主制と，代表者を通じてそれらの意思決定を行う間接民主制がある。直接民主制はスイスの一部の州のみで採用されているのであって，国家制度として純粋に直接民主主義を採用している国家は現代では存在しない。

　日本国憲法においても，前文で「正当に選挙された国会における代表者を通じて行動」すること，そして「権力は国民の代表者がこれを行使」することとして代表民主制を採用することを明らかにしているが，最高裁判所の国民審査，地方法の制定に関する国民投票，憲法改正に関する国民投票について直接民主制的制度も併置している。

　間接民主制には国民の意思を忠実に反映しえないという弊害がありながらも，直接民主制が現在の国家レベルで採用されない理由として，技術的・物理的に国民が討論・採決することが不可能であることや，政策決定を行うための素養や時間的余裕が多くの国民にないといったことが挙げられる。

　専主制においては為政者は被治者によって選出されたり，その地位にある被治者から積極的に支持される必要はない。絶対制における君主や独裁者による独裁制は他律主義を統治原理とする専主制である。

　しかしこの民主制と専主制については原理的に純粋な形態のものは現実には存在しえず，相対的にいずれかの原理が強く支配しているかという点によって区分されるものである。

2 君主制と共和制

　国家の統治権者の数によって区分されるのが，君主制と共和制である。国家の意思が一人の人間の自然的意思に基づいて構成されるものとする国家を君主制といい，国家の意思が技術的に多数の人間の意思活動によって構成されるものとする国家を共和制である。

　近代の立憲君主制は絶対君主制に対する民主的勢力の闘争から生まれた，専主的原理と民主的原理との妥協であり，憲法によって君主の無制限な統治権を制限し，君主も憲法に従って統治権を行使するものとされる。

　君主の指標としては，君主が伝統的でカリスマ的な威厳を有し，象徴的機能が認められていることなどがある。また対内的には一定の統治権を有し，対外的に国家を代表するといった形式的，実質的機能があり，後者は君主の実質的機能の指標とされる。現在において君主の指標は世襲制による君主の地位とそれに伴う名誉・威厳であり，対外的に形式的に国家を代表する機能のみになっている。

　君主制には，君主が国権の行使を固有の権能とし自己の意思のみにもとづいて行使し，他の機関の拘束をうけない専制君主制と，国権の行使にあたって君主が他の国家機関に拘束される制限君主制がある。

　しかし現在において君主が政治権力を独占的に行使する専制君主制をとる国家はなく君主制国家そのものも減少している。君主を有する国家であっても，イギリスのように君主が「君臨すれども統治せず」として，君主は統治権を有せず，実際的には国民によって政治が行われているように，君主の権限は現代においては次第に制限され，同時に旧来の君主の概念も変化してきている。

　また共和制は君主の存在しない国家形態であるが，大統領や宰相のような単独の国家機関が強大な権能を有する場合もあり，ナチス・ドイツのように専制君主がいなくとも専制君主制と同様の独裁制も成り立ちうる。

　このように現代の国家においては，君主制であっても自由な政府と抵触する絶対主義，専制政治であることを意味せず，一方で共和制の国家であっても専

制政治に陥らないということを意味してはいない。むしろ問題となるのは，君主制が前に述べた民主制と矛盾しないかという点である。

3 単一国家と連邦国家

　国家内部の団体の構成よって区分されるのが，単一国家と連邦国家である。単一国家は，国家内部に国家に近い団体を持たない単一の統一された中央政府をもつ国家である。これに対して連邦国家は国家的性格を有する団体である支分国に統治権限を分権し，それぞれが準主権的な性格を有しながらも結合する形態をとる国家である。連邦構成国である支分国は国家的性格を有するものの，外交能力は連邦憲法にもとづいて連邦政府の意思に依存し，連邦政府を介して国際社会と間接的な関係をもつ。支分国は主権を有しておらず，連邦の意思決定に参与し，連邦および支分国の権限は憲法によって規定される。連邦制をとる国にはアメリカ合衆国，スイス，ドイツ連邦共和国，カナダ等が挙げられる。

　アメリカを例にとると，連邦政府の構造がアメリカ合衆国憲法によって定められており，50の各州もそれぞれに憲法を有している。連邦政府の権限は，合衆国憲法1条8項に列挙された他国との関係（外交・軍事等）や全米規模で行うこと（郵便，通貨等），連邦裁判所の設置などの権限に制限されており，一般的な統治権は州にある。加えて修正10条では連邦政府に与えられていない権限や，憲法によって禁止されていない権限についても州にあるとしている。そして合衆国憲法及び連邦の法律・条約は国の最高法規であり，これらに反する州憲法や州法は効力を有しない。

第2部　憲　法

第1章

憲法とは何か

1 国家と法－国家成立の要件－

　ボーダーレス（国境なき）社会の進展により，ヒト，モノ，カネの移動が自由になっている。また，ヨーロッパ連合（ＥＵ：European Union）のような経済のみならず時に加盟国の国家主権を制約することもあるような超国家機関も存在し，国家の概念が揺らいでいる。

　国家とは，多くの人々が集合して形成する社会の一種であるが，国家とは，一定の領域を基礎として存在し，その領域内において排他的かつ固有の統治権を行使しうる，継続的な共同団体である，と定義づけられている。

　この国家が成立するためには，幾つかの要件が必要である。先ず第１に固有の統治権（国家主権）が存在すること。国民主権の信託，第２に国境で区切られた空間である領域（領土，領海，領空）を持つこと，そして第３に領域内で生活する国民，つまりその国の国籍を持つ者が存在することである。これを国家成立の３要素という。

　国民や領域の要件は満たしても，統治権がなければ，その地域は，国家とは言えない。植民地あるいは国連による信託統治領である。３要素に加え，外交能力も必要である。1933年の国家の権利及び義務に関する条約では，国家の資格要件として，①永続的住民，②明確な領域，③政府，④他国と関係を取り結ぶ能力（外交能力）を挙げている。

　ところで，ある国家が国家成立の３要素を満たしているかどうかを判断する客観的な判断を下すべき公の機関は存在しない。そこで考え出されたのが，

85

国家承認(国家の認定)の制度である。つまり,複数の国がその領域を個別的,裁量的に国家と認め,国交を樹立し,大使の交換等を行う。また,国連安保理事会の勧告と総会の決定により,国連加盟を承認することによって3要件を満たした独立国家と認めるのである(国連憲章4条「国連憲章を遵守する能力」)。

国家承認とは,ちなみに日本は,1945年9月2日日本が降伏文書に調印し第2次世界大戦が終結し,1952年4月28日サンフランシスコ講和条約調印して独立を果たすまでの約7年間は,日本はOccupied Japan(被占領国日本)であった。

独立した国家を主権国家(sovereign state)または独立国(independent state)と言い,外交権能の制限された国家を半主権国家(semisovereign state)といい,主権がなく,外国に支配されている地域を植民地という。

ところで,国家は様々な経緯により成立する。自然発生的に成立する国家(国民国家,民族国家)もあり,人為的に成立する国家もある。例えば,アメリカ合衆国は,1776年7月4日に,ソヴィエト社会主義共和国連邦は,1922年12月30日に建国したように建国の時期が明確である。

一方,日本やイギリスなどは,「自然発生的な国家」であり,その建国の歴史は神話に起源を持ち,成立時期がはっきりしない(日本は,紀元前660年(皇紀元年)2月11日を建国記念の日とし,国の起源としている。)。

2 主　　権

主権は,国権,統治権などとも呼ばれる。主権とは最高不可分の権力である。主権を有するのは君主でも国民でもなく,国家自身が有する。しかしながら,国家の最高権力の淵源を誰に求めるか,憲法制定権力を誰が持つのかにより,それが国民の意思にあるときは,主権は国民にあるといわれ(国民主権),君主の意思にあるときは,主権は君主にあるといわれる(君主主権)。

ジャン・ボダン(Jean Bodin, 1530-1596)は,主権概念の確立に理論的指導性を発揮した。彼は,主権は国家の絶対的・永久の権力であり,最高・唯一・不可分なものであり,全ての国家にとって不可欠の要素であるとした。

また,国家による統治を,多数の家族とそれらに共通なものに対する,主権

を伴った正しい統治であるとした。つまり，家族においては絶対的な権力を持った家父長の支配が肯定されるように，国家においては国王による支配が肯定されると考えたのである。

彼は，国王だけが主権者であるという理論を構築し，絶対王政を確立する思想的な支えとなり，国王へ権力・権限を集中することに成功した。

国王の主権は絶対であり，対内的には，これを超える封建諸侯あるいは領主の権威・権力に優越し，対外的にはローマ法王やローマ皇帝の権威・権力から独立していることを意味する。このような主権の具体的な権能としては，主権者の命令として，立法権・宣誓講和権・官吏任免権・最高裁判権・貨幣鋳造権・忠誠従順の要求権・恩赦権・課税権という8つの権利を挙げる。

主権概念の登場により，ローマ法王の権威は，事実上排除され，また，封建諸侯たちの権限・権利を奪うことに成功したのである。

ボダンの理論により，ヨーロッパ社会における国王を中心とした中央集権国家つまり，政府（ここでは国王）に国家統治の全ての権限が集中すると言う形態の国家が誕生し，今日の国家の原型となったのである。

3 国　　　民

絶対君主制の社会であったヨーロッパにおいて，フランス革命（1789年）を経て共和制国家が出現した。フランス共和国は強力な軍隊を作り上げるため，国籍（nationality）という概念を編み出した。国家はその領域内の国籍を持つ人民を国民として，国家から様々なサービスの提供を受け，一方において，様々な義務を負うことになった。例えば，納税の義務や兵役の義務である。

4 領　　　域

現代の国家の原型は，ヨーロッパ社会で誕生した。ヨーロッパにおいて30年間続いたカトリックとプロテスタントによる宗教戦争である三十年戦争（1618－1648）は，講和条約であるウェストファリア条約（ヴェストファーレン条，1648年）の締結により終結した。この条約において，国境（boundary）と言う技術

が生みだされた。

条約締結国は相互の領土を尊重し内政への干渉を控えることを約し，新たなヨーロッパの秩序が形成されるに至った。この秩序をヴェストファーレン体制ともいう。

第1節 「憲法」とは何か

憲法とは，社会規範の一つであるが，憲法は国家の基本法，そして国家や公権力の組織を定める法規範である。constitution（英，仏），verfassung（独）に対する訳語である（他に国憲，政規，国政，政体などの訳語が考えられた）。憲法は，①おきて，のり（法一般），②国家の根本法を意味する。

国家の骨格を定める枠組みは，いずれの時代，いずれの地域の国家にも存在する。しかし，国家の成立形態も異なれば憲法もまた異なる。

> 【憲法17条（17条憲法）】
> 憲法17条（17条憲法）は，聖徳太子制定の17カ条の条令。群臣に垂示した訓戒で，和の精神を基とし，儒・仏の思想を調和し，君臣の道および諸人の則るべき道徳を示したものであり，

憲法は，国家の根本法あるいは国家の最高法規（憲法98条1項）であり，統治機構，権利義務等の規定からなる国家組織，運営にかかわる法である。

第2節 立憲主義とは何か

1 近代憲法の原則－立憲主義とは何か

(1) 近代的な意味での憲法

絶対君主制の国家においては，「朕は国家なり」という言葉で言い表されているように，君主が国家権力の全てを掌握していた。

しかし，ヨーロッパにおいては，市民階級（ブルジョワジー）の台頭により，君主の専制領域は次第に制限されるようになった。いわゆる制限君主制の国家となり，そして，あるいは王権そのものが否定され王政が廃止された国も多い。
　そして，建国家や絶対君主制国家の崩壊の後，市民革命によって成立した国家を近代国家と言う。自由・平等，基本的人権の保障，議会政治，法治主義による中央集権制などを特徴とする。

(2) **立憲的意味の憲法**

　立憲主義（constitutionalism〔英〕, constitutionalisme〔仏〕, Konstitutionalisumus〔独〕）とは，もともと，権力者の権力濫用を抑えるために憲法を制定するという考え方をいった。前近代の君主制国家においても君主の権力を制限する立憲君主制とも結びついた。しかし，一般的には，近代以降に，国民主権・権力分立・基本的人権の保障の基本原理を伴った近代憲法が成立することによって立憲主義が定着したので，立憲主義は近代立憲主義の意味で用いることが多い。
　立憲的意味の憲法とは，近代立憲主義に基づき，国家権力を制限して国民の人権を保障するものが本来の憲法であり，権力分立（すなわち，三権分立），人権保障（すなわち，基本的人権）の原理を持っている。
　1776年にイギリスから独立したアメリカの13州では，世界ではじめての憲法であるバージニア州憲法をはじめとして各州の憲法が制定された。1787年にはアメリカ合衆国憲法の制定もなされた。その後，フランス革命の最中の1793年，市民の権利を中心に据えた近代憲法である，共和暦1年憲法（ジャコバン憲法）が成立し，諸外国に影響を与え，その後多くの国で憲法が制定された。
　1883年に制定された大日本国帝国憲法は，アジアでは最初の立憲主義による憲法である。
　国家権力が，憲法により制約を受け，憲法の定めるところに従って行使され，人権を保障することを立憲主義といい，そのような内容を持つ憲法を近代的意味の憲法，あるいは，立憲的意味の憲法という。
　近代的意味の憲法は，一定の共通性を持つ。つまり，憲法において国民による議会（国政）への参加（政治参加），人権が保障されること，権力が分立され

ることである。

1789年のフランス人権宣言（人および市民の権利宣言）第16条は，「権利の保障が確保されず，権力の分立が定められていないすべての社会は，憲法をもたない」，と権利の保障及び権力分立について規定する。

立憲主義という場合，その意味は多義的であるが，ほぼ2つの要素に集約することができる。第1は，個人の権利，自由を国家権力による恣意的な侵害から守ろうとする自由主義の要素であり，第2は，そのためには，国民が自ら国政に参加するという民主主義の要素である。

自由主義からは，基本的人権の保障，権力分立，司法権の独立などが，また，民主主義からは，議会の立法権，責任政治の原則などが導き出される。

近代憲法は，ロック（John Locke, 1632-1704），ホッブス（Thomas Hobbes, 1588-1679年），ルソー（Jean-Jacques Rousseau, 1712-1778）らによる近代啓蒙思想がその影響を強く受けている。すなわち，そもそも人は生まれながらにして神（創造主）から与えられた権利（自然権）を持つという，天賦人権論，そして，国家と国民との間で，国民が有する自然権を国家に預ける契約を結ぶという社会契約論がそれである。

(3) 実質的意味の憲法

だれが国の法律を作り，どのようにそれを運用，執行するのかという根本的な国家の組織や構造を定める法を憲法という。

すべての国家には，どのような形式でも国の組織や運営のきまりがあり，実際，いつの時代でも，国家のあるところには必ずそのようなきまりがあったのである。文字として示されていない慣習法の形式であっても，議会で制定される普通の法律の形式であっても，国家の根本的な組織や運営の基本原則を定める国家の根本法が存在する。これを実質的意味の憲法という。

憲法典という成文法の形式をとる国もあれば，イギリスのように憲法典を持たない国もある。憲法典のあるなしにかかわらず，すべての国には実質的意味の憲法が存在する。

イギリスの憲法を構成する成文法には，1215年のマグナ・カルタ（大憲章，

Magna Carta), 1689年の権利章典（Bill of Rights, 正式名称は, 臣民の権利と自由を宣言し, かつ, 王位の継承を定める法律, An Act Declaring the Rights and Liberties of the Subject and Settling the Succession of the Crown), 1701年の王位継承法（Act of Settlement), 等で定める。

(4) 形式的意味の憲法

国家の組織・構造の基本原則を法典（憲法典）としてまとめ, 成文法としたものを形式的意味の憲法という。

形式的意味の憲法とは憲法という名のある文書であり, 憲法典を指す。成文憲法の国は形式的意味の憲法を持つが, イギリスは不文憲法の国であり, 慣習法及び議会法, 大憲章（マグナ・カルタ）などの法律により国のきまりが部分的に成文化されているが, 憲法典は存在しない。

2 憲法の種類

憲法はその分類する基準により様々に分けられる。まず, 法形式により分類される。1つの憲法典として法典化された成文憲法と, イギリスのように1つの憲法典として法典化されず個々の法律や判例, 慣習によって構成される不文憲法に分けられる。

また, 制定者・制定手続による分類としては, 欽定憲法, 民定憲法, 協約憲法の種別がある。

欽定憲法とは, 君主主権原理に基づき, 君主の権威を憲法制定の最終的な根拠とするものであり, その例としては, プロシア憲法, 大日本帝国憲法, 1814年フランス憲法などがある。

民定憲法とは, 国民主権原理に基づき, 国民の権威を憲法制定の最終的な根拠とするものであり, 議会または憲法制定会議が制定する。その例としては, 1791年のフランス憲法やアメリカ合衆国憲法などがある。

協約憲法とは, 君主国において君主と国民代表の合意により制定するものであり, 1830年フランス憲法などがある。

連邦憲法とは, 連邦国家の合意により制定するものであり, 条約憲法, 国約

憲法ともいう。その例としては，アメリカ合衆国憲法，ドイツ連邦共和国基本法などがある。

さらに，改正手続の難易による分類としては，通常の立法手続よりも厳重な手続が求められる改正が困難な硬性憲法と，改正が容易な軟性憲法がある。

ちなみに，日本国憲法は，明治憲法の改正手続きにより成立したもので，欽定憲法ということもできるが，国民主権主義原理に立って国民を制定権威としているので，民定憲法ということもできる。

第3節　憲 法 保 障

1　意義と方法

憲法保障（合憲性の統制）とは，国の最高法規である憲法の規範内容が，下位の法形式や措置を通じて端的に踏みにじられたり，不当に変質させられないように統制し，憲法による秩序を存続させ，安定させること，または，その手段のことを指す。例えば，アメリカ合衆国憲法修正第20条は，大統領などに憲法擁護の宣誓を課している。

憲法保障の方法は，多様である。まず，平常時におけるものか非常時におけるものかにより，憲法自体が定める正規的憲法保障（憲法内保障，組織的保障）と憲法自体に定めはないが，憲法の危機状況に対応する，非常手段的憲法保障（超法規的憲法保障，未組織的憲法保障）に分かれる。

正規的憲法保障は，さらに，制度上憲法保障を直接の狙いとしているか否かにより，直接的保障と間接的保障に，憲法侵犯を事前に防止することを狙いとしているか否かにより，事前的保障（予防的保障，実体的保障）と事後的保障に，保障形式が拘束力を持つものか否かにより，拘束的保障と諮問的保障に，保障機能の担い手が誰かにより，政治部門による保障，裁判所による保障，国民による保障，がある。

2　正規的憲法保障

(1)　事前的保障（予防的保障）

　事前的保障（予防的保障）は，憲法で一定の制度をあらかじめ定めておくことにより，憲法を侵害する行為を予防するものである。その例として，権力分立システムや公務員の憲法尊重擁護義務の宣言，あるいは厳格な憲法改正手続規定がある。

① 　宣言的保障として，憲法が国家の最高法規であり，憲法に違反する行為は違憲無効であることを予め宣言することにより，憲法違反行為が行えなくする，憲法の最高規範性の宣言がある（日本国憲法98条１項）。また，立憲的意味の憲法における最も重要な規定である基本的人権の保障について，それが普遍的・永久的であることを宣言し，基本的人権のみならず憲法を侵害しないようにする基本的人権の普遍的・永久的な宣言がある（日本国憲法11条及び97条）。国政の運営にあたり，直接又は間接に憲法の運用に関与する公務員に対し憲法尊重擁護義務を課すことにより，義務違反となる憲法侵害行為が不可能となる（日本国憲法99条）。

② 　容易に憲法を改正できないようにして，立法権（議会）による憲法に対する侵害行為を困難にさせる手続的保障として，硬性憲法がある。日本国憲法96条１項では，憲法改正に各議院で３分の２以上の国会議員の賛成と国民投票で過半数の賛成を要求しており，憲法改正が困難となっている。

③ 　制度的保障（機構的保障）として，国家権力を分散させて，相互に均衡・抑制を図ることで，国家権力による憲法侵害行為が行われないようにする権力分立制がある。日本国憲法41条（立法権），65条（行政権），76条（司法権）や，地方自治制度を規定する第８章などの規定が該当する。

(2)　事後的保障（匡正的保障）

　事後的保障（匡正的保障）は，憲法を侵害する行為がなされた場合に，侵害されていない状態に回復させる手段を用意して，憲法を保障することであり，具体的な制度としては，違憲立法審査制がある。これは，裁判所に，憲法に違

反する立法行為・行政行為等を無効とする権限を与えることによって，立法権・行政権による憲法違反の権力行使の効力を失わせて，憲法が侵害されない状況が回復できるようにする（日本国憲法81条参照）。

3　非常手段的憲法保障－憲法に定めのない制度－

　外国の侵入や内乱，大規模自然災害など，あるいは国家権力の著しい権力乱用により，国家や憲法秩序が重大な危機にさらされた場合，憲法秩序を回復するための，「国家緊急権」や「抵抗権」という非常手段的憲法保障（超法規的憲法保障，未組織的憲法保障）がある。

　「抵抗権」とは，国家権力の権力濫用に対し，国民自らが実力をもってこれに抵抗し，憲法保障の回復を図る権利をいう。この権利は「自然権」を基盤とする立憲民主主義憲法に内在する実定法上の権利であり，人間の尊厳を確保するために，ほかに合法的な救済手段が不可能となったときに行使される。日本国憲法においては12条及び97条が，「基本的人権」の保全に努める国民の責務を規定しており，この意味での抵抗権は，立憲主義的な憲法を擁護するという保守的性格を持つ。

　「国家緊急権」とは，戦争や内乱などにより，平常時の統治機構と作用をもっては対処できない非常事態において，国家の存立と憲法秩序の回復を図るために取られる非常措置権をいう。

　国家権力が立憲的な憲法秩序を一時的に停止して非常措置を採る「憲法制度上の国家緊急権」と，憲法の授権や枠を越え独裁的な権力を行使する「憲法を踏み超える国家緊急権」がある。

　国家緊急権は，その濫用により，憲法秩序を破壊するおそれがあるので，とられる非常措置の種類及び程度は，一時的な必要最小限のものでなければならない。一般には，戒厳令（martial law）などが相当する。大日本帝国憲法においては，緊急命令（8条），戒厳大権（14条），非常大権（31条）を国家緊急権に関する規定が存在していたが，日本国憲法には明文規定はない。

第2章

日本国憲法の制定過程

第1節　大日本帝国憲法

　日本において近代憲法の制定のきっかけであったのは「不平等条約」と呼ばれる安政の5カ国条約であった。不平等条約とは，当時の欧米列強が武力を背景に非列強諸国に強要した条約であり，これによって従属に近い関係となるものであった。幕末期の1854年に締結した日米和親条約をはじまりとし，1858年の日米修好通商条約と二段階で結ばれた一連の条約がそれにあたる。

　諸外国と結んだこれらの条約によって日本は開国し，関税自主権，領事裁判権，片務的最恵国待遇という条件つきで国際社会に加入することとなった。ちなみに鎖国という言葉は諸外国との条約締結によって国際社会に加入する「開国」の対義語として使われるようになったものであり，江戸時代末期以前の日本は国を鎖ざしているという認識はなかった。

　これらの条約は江戸幕府によって締結されたものであるが，新政府である明治政府はこれらの条約の継承を認めた。この理由としては列強諸国と対等な条約を新たに締結することが困難であったため不利な現状を甘受し，状況を整えてから条約を改正することを選んだものである。

　とくに領事裁判権は該当国の自国民に関する裁判を領事が本国法に基づいて裁判を行うことを認めたものであるが，本国人に極めて有利な判決が下されることが多かった。しかしこれは列強諸国からは風俗・習慣の違い，近代的な法律制度，刑罰の内容や裁判の方式，監獄内の生活環境や当時の日本の治安状態

に対する不安などから自国の居留民を保護するために必要であると主張されていた。そのためにも条約改正にあたっては，近代立憲主義に基づく法制度の制定は必須であった。そしてこれら不平等条約を改正し，国際社会において列強と対等な立場となることが明治期における日本の外交の目標であった。そのためにも近代立憲主義に基づいた法制度の整備，中央集権的国家の建設が必要とされていた。

　また国内においても1874年に民撰議院設立を要望する民撰議院設立建白が提出され，自由民権の尊重と憲法制定を求める要望が大きくなり，明治天皇は1875年に「立憲政体の詔書」を出し，翌1876年に元老院に対して憲法案の作成を命じ，憲法制定に動きだした。しかしこの時に作成された草案は，内容が国情に適さないとして採用されなかった。この後1878年から1885年にかけて国民の間でも活発化し，とくに1880年から1881年にかけてさまざまな私擬憲法草案が発表された。1881年国会開設の勅諭によって，国会開設を10年後とすることとした。1882年，伊藤博文を憲法調査，政治事情調査のためヨーロッパに派遣し，伊藤はドイツのグナイスト（Rudolf von Gneist, 1816-1895）やオーストリアのシュタイン（Lorenz von Stein, 1818-1890）から憲法理論を学び，翌年帰国した。帰国後，伊藤は制度取調局の長官として憲法起草を命じられ，伊東巳代治，金子堅太郎，井上毅らとともに憲法草案を起草した。1888年，天皇の諮問機関として枢密院が設けられ，この憲法草案が審議され，一部修正の上可決され大日本帝国憲法（明治憲法）として1889年2月11日に発布，翌年11月29日，第1回帝国議会開会の日から施行された。

　この明治憲法は，君主的原理に基づきながらも近代的な民主的・自由主義柄的原理が取り込まれた立憲主義的憲法であることを特徴としている。明治憲法の構成は，歴代天皇の神霊に対して皇室典範と憲法を制定することを告げ，憲法を自ら遵守することを誓う「告文」，天皇が憲法発布にあたって直接国民に対して発する意思表示である「憲法発布勅語」，天皇が法令を公布するにあたって天皇の言葉を記した前文としての性質もつ「上諭」，そして本文7章76条からなる。本文は1章に天皇の地位と権限，2章に臣民の権利と義務，3章

が立法機関である帝国議会，4章に行政機関として国務大臣と枢密顧問，5章司法，6章会計，7章に補則というものである。

　明治憲法は，立憲主義の考えを取り入れつつも，国家の統治権は君主が総攬すべきものとする19世紀の南ドイツで支配的であった君主主義原則に基づく立憲君主主義憲法であった。

　明治憲法は，君主主義原則を取り入れ，1条で「大日本帝國ハ萬世一系ノ天皇之ヲ統治ス」とし，4条で「天皇ハ國ノ元首ニシテ統治権ヲ總攬」として天皇が統治権を総攬することとしている。また天皇の地位は神勅，神の意志にもとづくものとされ，「神聖ニシテ侵スヘカラス」とされ，天皇の地位と権限を1章に定めた。明治憲法における天皇の権限は広く，法律の裁可，議会の招集・解散，緊急勅令，行政各部の組織や権限・人事，条約の締結などを天皇の大権として6条から16条に規定していた。

　55条で天皇の国務上の行為は，国務大臣の助言である「輔弼」を必要とした。また国務大臣は勅命により政務を行い，法律や勅命などには国務大臣の副署を必要とする大臣責任制（大臣助言制）がとられた。しかしこの大臣責任制について，皇室関係の事務は宮内大臣の輔弼であることと，統帥事務は大臣責任制の例外とされた。この統帥権は，軍事については内閣が関与せず，軍令機関による助言と承認を受けるという統帥権の独立が憲法上の慣例とされていた。

　ふたつめの特徴である立憲主義は，国民の自由と権利を保障するために，憲法によって国家の統治権を立法・司法・行政に区分し，独立した機関で行使させ国家による権力の行使を制限，拘束するものである。明治憲法にあっても司法・立法・行政に区分された権力分立に基づく統治機構と臣民の権利と義務が定められ，この原理が取り入れられている。

　天皇による統治権の行使も4条で「此ノ憲法ノ条規ニ依リ之（統治権）ヲ行フ」とし，憲法に拘束されるとした。この点について起草者であつた伊藤博文の名で出版された注釈書である『帝国憲法・皇室典範儀解』では，憲法によらない統治権の行使は専制政治に陥るとして，専制政治を否定している。

　明治憲法では権力分立が採用され，立法権は帝国議会が，司法権は裁判所が

97

それぞれ政府から独立して行使するとされた。しかし，その権限は君主主義原理が反映され，その権限は制限されており，現憲法である日本国憲法における権力分立とは異なるものである。

帝国議会については5条で，「天皇ハ帝国議会ノ協賛ヲ以テ立法権ヲ行フ」とされ，議会の同意の意思表示なく法律や予算が成立しないとされた。さらに帝国議会には，請願を受ける権限，上奏および建議の権限，議員が政府に質問し，説明を受ける権限，財政を監督する権限が認められていた。

統治権を天皇が総攬する君主主義において議会の権限は法律を審議する権限であるとされ，議会で可決された法案を天皇が裁可しなかったことはなかったものの，38条で天皇の裁可が必要とされた。さらに立法権に対しては，8条で法律に代わる効力を持つ緊急勅令，9条で独立命令の制度が例外として存在し，政府によって国民の権利・自由が制限されることを認めるものであった。1938年の国家総動員法に見られる「政府ハ戦時ニ際シ国家総動員上必要アルトキハ勅令ノ定ムル所ニ依リ」として，統制の内容は法規によって具体的にされないまま，その内容を勅令によって定める「立法の委任」は議会の立法権に対する制限であった。

また議会は予算に対しても協賛・監督する権限を有していたが，政府の制約はこれに対しても及んでいた。66条で皇室経費については増額する場合を除いて議会の協賛は必要ないとされ，67条で天皇の大権による支出や政府の義務に関する支出は政府の同意なく排除したり削減したりすることは認められていなかった。

司法権は57条で，「司法権ハ天皇ノ名ニ於テ法律ニ依リ裁判所之ヲ行フ」とされ，続く58条で裁判官の身分が保障され，司法権の独立が確保されている。しかし行政裁判については，司法裁判所とは別の行政裁判所の管轄となっており，行政裁判では出訴できる事項も制限され，違法の行政処分に対しての救済は限られたものであった。

明治憲法では立憲主義の原則に基づいて権力分立にもとづく「統治機構」を示すと同時に，「権利宣言」として国民の権利，義務を憲法で保障しており，

その保障内容は当時の他国の憲法と変わりないものであった。しかし，保障している権利は人間が生まれながらにもつ生来の自然権としてではなく，天皇が臣民に恩恵として与えたものであった。そのため「法律ノ範囲内ニ於テ」という留保があり，法律によって権利は制限されうるものであった。また権利が制約される際，議会の協賛を得た法律によって制限されることを原則としていたが，議会の協賛を得ない行政命令によってもまた同様に権利が制限された。

さらに華族制度を設け，華族には貴族院議員となりうる特権が与えられたり，行政処分による法律の救済も制限されるなど，明治憲法において保障された権利や自由，平等は例外を多く含むものであり，現在の日本国憲法と比べて不完全なものであった。

この憲法は発布勅語において「不磨の大典」と称されていたが，第7章補則73条には改正手続きが定められている。改正は天皇の発議によって帝国議会に付され，議決には3分の2以上の賛成が必要とされていた。しかし明治憲法は制定されたのち，日本国憲法の制定まで一度も改正されることはなく，また具体的な改正について問題になることもなかった。

第2節　日本国憲法の制定過程

日本国憲法の制定の契機は1945年7月26日に米・英・中によって表明されたポツダム宣言を8月14日に受諾したことにはじまる。日本国憲法の制定過程は，ポツダム宣言を受けて明治憲法の改正が検討され憲法問題調査会によって改正草案が提出された前半，総司令部から総司令部草案を提示された以降の後半の2段階に分けられる。

ポツダム宣言の受諾に先立って，日本政府は「国体の護持」，天皇の統治大権に影響を及ぼさない，という了解を得ようとした。連合国はこれに対して，天皇および政府の統治権は降伏条件を実施するために必要と認める措置をとる連合軍最高司令官に従うべきものとし，日本の最終的な政治形態はポツダム宣

言に従って，日本国民の自由に表明された意思によって決定されるものとするという回答（バーンズ回答）をしていた。

同年9月2日に日本政府は，ポツダム宣言の条項の誠実な履行を含む連合国との降伏文書に署名し，日本は連合国による占領統治下におかれることとなった。これによって明治憲法が廃棄されたり，国家機関が消滅したりすることではないものの，対外的な主権は喪失し明治憲法の軍に関する規定は失効するなど根本的な変更が加えられている状態であった。

ポツダム宣言の10条では，「日本国政府は日本国国民の間に於ける民主主義的傾向の復活強化に対する一切の障礙（しょうがい）を除去すべし」とあり，続けて「言論，宗教及思想の自由並に基本的人権の尊重は確立せらるべし」とある。そして連合国軍の撤収の条件として，「平和的傾向を有し且責任ある政府が樹立せらるるに於ては聯合国の占領軍は直に日本国より撤収せらるべし」と12条で示されていた。

日本はポツダム宣言で示された基本的人権と平和が尊重された民主主義に基づく責任ある政府の樹立は，国民主権主義の採用を必ずしも要求するものではなく，これは明治憲法を改正せず運用によって対応可能であると考え，全面改正が不可避の状態となっても，あくまでも明治憲法の改正問題として扱っていた。そのためポツダム宣言受諾直後，政府は法制局などで非公式に憲法改正について調査研究がされていたが，改正について緊急性は高くないとされていた。しかし連合国軍は12条の「日本国国民の自由に表明せる意思」に基づく政府が樹立するためには明治憲法は改正するものとし，1945年10月4日連合国軍最高司令官マッカーサー（Douglas MacArthur, 1880-1964）は，東久邇宮内閣の国務大臣であった近衛文麿に憲法改正を示唆し，近衛は憲法学者であった佐々木惣一らとともに，憲法改正の調査を開始した。これと並行して幣原内閣総理大臣にも憲法改正の必要性が指示され，松本烝治国務大臣を委員長とする憲法問題調査委員会（松本委員会）が設置された。これによって内閣と内大臣府の双方で，それぞれ憲法改正の調査活動が進められることとなった。

しかし近衛の戦争責任が問題となり，マッカーサーは近衛に伝えた憲法改正

作業の指示は近衛個人に対してではなく，日本政府に対して行ったものであるとの声明を発表した。近衛はそのまま憲法調査を続けたものの，共同作業者の佐々木惣一と意見の調整ができず11月22日に近衛案，11月24日に佐々木案をそれぞれ天皇に奉答し，11月24日に内大臣府は廃止された。近衛に対しても12月6日に戦争犯罪人容疑者として逮捕命令が出され，近衛は出頭するその日に自殺した。

これによって憲法改正作業は，内閣の下に設置された松本委員会に一本化されることとなった。しかし憲法問題調査委員会は当初，調査研究を目的としており，憲法改正の検討となっても明治憲法の自由主義化する改正を目指していた。そのため憲法の改正にあたってその原則は，1．天皇の統治権総攬の堅持，2．議会議決権の拡充，3．国務大臣の議会に対する責任の拡大，4．人民の自由・権利の保護強化とされ，必要最低限の改正であった。翌1946年，各委員の意見を総合した甲案，大幅な改正を盛り込んだ乙案として，「憲法改正案」（甲案・乙案）として作成された。

この間，国民の間でも憲法改正論議は高まり，さまざまな憲法改正案が発表された。なかでも民間団体であった憲法研究会によって発表された「憲法草案要綱」は国民主権や生存権規定が含むものであり，総司令部草案に大きな影響を与えた。

しかし，この「憲法改正草案」が1946年2月1日，毎日新聞によってスクープされた。この草案は明治憲法の部分改正であり，天皇の権限についてはほぼそのままの権限が維持されたものであった。連合国軍総司令部（GHQ）はこれを受けて日本政府に憲法問題調査委員の草案の正確な内容を知らせるように要求した。同時にこのままでは憲法改正が一向に進まないと判断したマッカーサーは2月3日に，天皇は国の元首の地位であり，職務と権能は憲法に基づくこと，国家の主権的権利としての戦争の放棄，交戦権がないこと，日本の封建制度，皇族を除く華族制度の廃止，の三原則（マッカーサー三原則）を示し，草案作成を命じた。GHQ民政局は翌日から憲法草案の作成に着手し，完成した草案は12日にマッカーサーに承認された。

この間，毎日新聞のスクープを受けて日本政府が8日に「憲法改正要綱」（松本草案・乙案）をＧＨＱへ提出したが，一時的受け取りとして13日に再び会議を持つものとされた。ＧＨＱに提出された「憲法改正要綱」の内容は明治憲法の部分的改正であって，天皇の権限もほぼ変わることない先にスクープされた甲案と同様のものであり，国民が主権をもつ民主主義に基づくものではなかった。

1946年2月13日，ＧＨＱは先に提出した「憲法改正要綱」は全面的に承認できないものとして正式な受け取りを拒否するとともに，ＧＨＱ民政局で作成された草案を総司令部案として吉田外務大臣，松本国務大臣に手渡した。

新たな憲法の制定は，このＧＨＱ草案の受け入れによって大きく転換する。

日本政府の憲法改正案がＧＨＱに拒否され，新たな草案を提示されたことは幣原内閣総理大臣に報告された。ＧＨＱによるこの草案は天皇が統治権を総攬する明治憲法と相反する国民主権に基づくものであり，ただちに受け入れられるものではなかった。そのため日本政府が提出した草案についての説明書を提出しＧＨＱの再考を促すこととなった。再説明書は「憲法改正案説明補充」として18日，ＧＨＱに送られた。しかし先に提出された「憲法改正要綱」には考慮の余地はなく，またＧＨＱ草案の原則から逸脱することは認められないものとしてこれを受け入れるかどうかについて20日中に回答することとされた。

2月21日に幣原首相はマッカーサーと会見しＧＨＱの意向を改めて確認し，翌日にＧＨＱ草案の受け入れを決定し，これに基づく新たな憲法草案の起草がはじまり3月2日に完成した。この草案はＧＨＱに提出され，佐藤達夫法制局第1部長とケーディス民政局次長らによって修正され，3月5日に日本政府の新たな憲法草案として閣議で確定した。そして3月6日に「憲法改正草案要綱」として国民に発表され，同日，マッカーサーはこの草案を承認する声明を出した。

この草案はその後，口語体に修正され「憲法改正草案」として正式の憲法改正案として4月17日に発表された。

これに先立って4月10日に，女性にも参政権が認められた新選挙法に基づい

た衆議院議員の総選挙が行われた。この改正草案は明治憲法の方法にもとづき，枢密院官制に従って4月22日に枢密院に諮詢され審議された上で6月8日に可決され，明治憲法73条の改正手続きによって，6月20日に開会された帝国議会に憲法改正草案は勅書をもって提出された。

衆議院は6月25日に憲法草案の審議を開始し，8月24日に可決した。続いて貴族院で審議が行われ，10月6日に憲法草案を可決した。

衆議院は，貴族院で修正し可決された改正案を10月7日に可決し，帝国議会における議決が終了した。

この帝国議会による審議においては数か条にわたって項の新設，修正が行われた。帝国議会による独自の修正も，重要なものも含まれていたが，すべてGHQの承認が必要であった。この修正のうちとくに重要なものとして，9条1項の「日本国民は，正義と秩序を基調とする国際平和を誠実に希求し」を加え，2項に「前項の目的を達するため」という文言を挿入された。これは衆議院憲法改正小委員会長の芦田均の提案によるもので，芦田修正と呼ばれる。この文言は，将来自衛のための実力を保持できる可能性があるものとして，GHQはこの修正を認めると同時に「内閣総理大臣その他の国務大臣は文民でなければならない」という文民規定を66条2項に挿入することを要求した。

さらに重要な修正として，社会党の衆議院議員であった森戸辰男の提案によって，ヴァイマル憲法を参考にした25条1項として「すべて国民は，健康で文化的な最低限度の生活を営む権利を有する」という生存権規定が加えられた。森戸はGHQ草案にも影響を与えた「憲法草案要綱」を発表した憲法研究会のメンバーでもあった。

帝国議会の議決を経た憲法改正案は，再度枢密院の審議を経て，天皇の裁可を経て上諭をつけて1946年11月3日に「日本国憲法」として公布され，憲法100条の施行期日により，半年の経過期間の後1947年5月3日に施行された。

日本国憲法の上諭では「帝国憲法第73条による帝国議会の議決を経た帝国憲法の改正を裁可し，ここにこれを公布せしめる」として，明治憲法の全面改正によって日本国憲法が制定されたという形式をとっている。これは明治憲法73

条の手続き規定によることで形式的手続きを確保したものと考えられる。

　このように日本国憲法は手続き上では明治憲法の全面改正として成立した欽定憲法であるものの，その前文において「主権が国民に存することを宣言し，この憲法を確定する」とし，相反する国民主権によって制定した民定憲法であり，明治憲法と日本国憲法の間の法的連続性については，憲法改正に一定の限界を認めるかという問題も関連し法理論上どのように説明するか議論が分かれている。

　今日では憲法の基本原理を改正することは認められないとしながらも，日本国憲法が明治憲法の改正規定によって成立したという矛盾を説明する説が有力である。つまり明治憲法の改正規定によって，明治憲法の基本原理に反する国民主権主義を定めることは，憲法改正限界説においては不可能である。しかし国民主権を要求するポツダム宣言の受諾によって，明治憲法の天皇主権は否定され，国民主権が成立したとされる。そのためポツダム宣言の受諾は，法的には革命であると説明する。ただし，これによって明治憲法が廃止されたのではなく，根拠たる建前がかわった結果として，明治憲法が規定する意味が変化したとする。この説はポツダム宣言を受諾した8月14日にちなんで八月革命説と呼ばれ，日本国憲法は実質的には革命によって確立された国民主権に基づいて，国民が制定した憲法であると説明する。明治憲法73条の改正手続きによったのは，改正手続きを便宜借用し，行為の形式的合法性を確保したものであるとされている。

　このような経緯によって制定された日本国憲法は，天皇制を象徴天皇制として残しながらも国民主権を採用し，代表民主制によって国民の意思決定がなされるものである。また詳細な人権規定を取り入れ，その人権は裁判によって保障がされる現代的な立憲主義の憲法である。

第3章

日本国憲法の基本原理

　国民主権，平和主義，基本的人権の尊重は日本国憲法の基本原理とされている。この基本原理が示されているのが憲法前文であり，これらの原理はさらに本文において具体化されている。これらの基本原理が明らかにされている前文の意味内容とその法的効力について，そして各原理についてそれぞれ説明を加えていく。

第1節　日本国憲法の前文

　前文は法律の条項の前におかれている文章で，その法律の制定の趣旨や基本原則が示されているものである。特に憲法の前文においては憲法制定の由来や目的が述べられ，日本国憲法の前文では憲法制定の背景となった平和主義についてとくに繰り返し述べられている。

1　前文の内容

　日本国憲法の前文は四つの段落から構成され，段落はそれぞれ第1段，第2段，ないしは第1項，第2項と呼ばれている。
　この内容を段落にしたがってみてみると，第1段では憲法制定の背景と日本国憲法の基本原理，そして民主主義について述べられている。
　まず憲法の制定趣旨を，憲法制定の背景となった第二次世界大戦の反省をふまえた平和主義に基づいて，主権者たる国民によって制定された民定憲法であ

ることを宣言している。国の政治は「自由のもたらす恵沢の確保」と平和とい
う目的の実現のために行われるものとされ、国家権力行使の方法として代表民
主制に基づいて国政が行われるとする。そして国民主権と民主主義原理は「人
類普遍の原理」であり、「これに反する一切の憲法、法令及び詔勅を排除す
る」とし憲法改正の限界としている。

　第2段では平和主義についてさらに言及し、平和は他国との関係によって達
成されるものであり、世界の平和によって日本の平和が確保されるものと宣言
している。また日本国民だけでなく、すべての人に戦争の恐怖から解放された
「平和のうちに生存する権利」があることを示している。

　続いて第3段では前段で示された平和主義は、他国との関係によって達成さ
れると宣言している。ここでは国際協調主義と政治道徳が、普遍的な原理であ
り、これは国際社会における各国の責任であるとしている。

　そして最後の第4段において、この日本国憲法における前文の「理想と目的
を達成すること」を誓い、締めくくられている。

　このように日本国憲法の前文は、国家を最高の価値とし、個人より絶対的優
位を認めた明治憲法下における国家主義、そして戦争に対する深い反省を背景
としており、「人類普遍の原理」に基づいて、対内的には民主制の確立と対外
的には平和国家の樹立を理念とした。

　このように前文では、「人類普遍の原理」の具体的な内容として、国民主権
主義、平和主義、基本的人権尊重主義を日本国憲法の基本原理としてあげてい
る。また国家権力の行使にあたって代表民主制によるものとし、平和実現にあ
たっては、他国との協力によって実現させていくという国際協調主義が示され
ている。

2　前文の性質

　この憲法前文は憲法の一部を構成し、その意味内容は法規範として憲法の本
文と同じ法的性質を持つものとされる。そのため改正についても、「この憲法
は、かかる原理（人類普遍の原理）に基くものである。われらは、これに反する

一切の憲法，法令及び詔勅を排除する」と明記されていることからも，前文を変更するには，各条文の変更と同様に96条の改正手続きを経ることが必要であるとされる。

　前文の法的効力のうち裁判規範性については，見解が分かれるところである。つまり前文の裁判規範性は裁判所が具体的な争訟について判決を下す際に判断基準として用いるという広義の裁判規範性のみであるか，前文を直接に根拠として裁判所に救済を求めることのできる狭義の裁判規範性であるかという点で一致していない。

　これについては多数説は，広義の裁判規範性については前文の規範内容が本文を解釈する基準として参考とされる点について認められるとしているが，狭義の裁判規範性を否定している。

　この前文の裁判規範性について問題となるのが，前文2段で述べられている「平和的生存権」である。平和的生存権とは，従来，政策や統治機構の問題とされてきた平和の問題を，人権の問題としてとらえ，平和を享受する権利を人権として考えるものであり，戦争目的や軍事の目的のために自由や人権が制限されたり，侵害されたりしない権利とされている。

　この平和的生存権が裁判で認められた判例は下級審のみであるが，自衛隊の合憲性が争われた長沼ナイキ事件と，自衛隊の海外派遣の合憲性について争われた航空自衛隊イラク派遣違憲訴訟がある。これらの訴訟において平和的生存権は自衛隊基地の撤廃や，自衛隊の海外派遣の差し止めを求める場合の「訴えの利益」を基礎づけるものとして主張された。

　前者の長沼ナイキ事件は，自衛隊のナイキ地対空ミサイルの基地が建設されるために，国有保安林の指定の解除が取り消されることについて，自衛隊の基地に公益性はなく，自衛隊が違憲であるとして提起された訴訟である。

　この第一審判決では，自衛隊を軍隊であり9条2項によって保持が禁じられている戦力にあたるとして，保安林の指定を解除して建設される自衛隊基地は「有事の際にはまず相手国の攻撃の第一目標になるものと認められるから，原告らの平和的生存権は侵害される危険がある」として，原告らの平和的生存権

を訴えの利益の一つの根拠として認めたことである。

また保安林制度の目的も，究極には憲法の基本原理である「平和主義の実現のために地域住民の『平和のうちに生存する権利』（憲法前文）」であると判示した。

しかし続く控訴審では，平和的生存権を「裁判規範として，なんら現実的，個別的内容をもつものとして具体化されているものではない」として否定し，保安林の指定解除による洪水の危険は，防衛施設庁の代替施設建設（ダム）によって補填されるとして請求そのものを棄却した。また最高裁においても平和的生存権は認められず，前文の裁判規範性は否定された。

後者の航空自衛隊イラク派遣違憲訴訟は，2003年にイラク特措法に基づいて自衛隊をイラクに派遣したことを違憲として，この派遣によって強い精神的苦痛を被ったとし平和的生存権が侵害されたとして国に賠償を請求した事例である。

一審の名古屋地裁は被告らの訴えが不適当であるとして請求を棄却し，控訴審で名古屋高裁も違憲確認請求，差し止め請求，損害賠償請求すべて棄却したが，一方，傍論において平和的生存権を憲法の法的権利として認められる状況があるとし，その性質をその時の状況に応じて，自由権的，社会権又は参政権的な態様をもって表れる複合的な権利であるとした。

そして法的権利が認められる場合として，「裁判所に対してその保護・救済を求め法的強制措置の発動を請求し得るという意味における具体的権利性が肯定される場合がある」として，「憲法9条に違反する国の行為，すなわち戦争の遂行，武力の行使等や，戦争の準備行為等によって，個人の生命，自由が侵害され又は侵害の危機にさらされ現実的な戦争等による被害や恐怖にさらされるような場合，また，憲法9条に違反する戦争の遂行等への加担・協力を強制されるような場合」を挙げて，平和的生存権の具体的権利性を部分的に認めている。

このように平和的生存権が理念的・抽象的な意味においての法規範性を有することについて判例はほぼ認めているが，裁判規範性を有するかという点につ

いては，統一した見解はない。

　平和的生存権について否定説は平和的生存権は理念に過ぎず，個人の権利として国家に直接何らかの行為を求める根拠にならない，憲法本文中に権利として明記されていない，9条は国民の権利を保障する性質のものでないことなどを理由として裁判規範性を否定する。否定説では平和的生存権を人権の基礎にあり，人権を支える理念的権利としながらも，その主体・内容・性質が不明確で抽象的であることから具体的な法的権利性を認めることは難しいとする。

　これに対して肯定説は，憲法前文の意義を重要視し，単なる政治的宣言ではなく前文に本文と同じ法的効力を有すること，包括的人権を規定している13条から国民個人の平和的生存権を根拠づけることが可能であること，平和的生存権を実現させるための制度的保障が9条の戦争放棄の規定を位置づけることなどから，平和的生存権について裁判規範性を肯定する。

　多数説は平和的生存権を認め，これが人権の基礎にあるものとしながらも，主体・内容・性質などが抽象的で不明確であることから狭義の裁判規範性を否定するが，本文の具体的規定の解釈基準にはなりうるとしている。

　前文の規範内容は抽象的な原理・理念の宣言であって裁判において前文のみを直接の根拠とし，その内容に反するとして違憲性を主張する裁判規範となりえないが，本文各条項の解釈の基準にはなりうるものである。

第2節　日本国憲法の基本原理

　日本国憲法の基本原理とされる国民主権，平和主義，基本的人権の尊重は前文で示され，それぞれ本文において具体化されている。国民主権については1条，平和主義については2章戦争の放棄9条，基本的人権の尊重については3章に国民の権利と義務として包括的に11条，97条で宣言され，13条から40条でそれぞれの権利が具体的に述べられている。

　日本国憲法前文で示されたこれら国民主権，基本的人権の尊重，平和主義，

そして代表民主制はそれぞれ単独の原理ではなく，相互に関連をもつものである。基本的人権の尊重・国民主権は，基本的人権の保障へ方向付けられた法の支配の原理を基盤とし，統治活動の目的はこれらの権利保障であり，その実現手段である統治機構を構成された現代立憲主義憲法における重要な要素である。日本国憲法においては基本的人権の尊重に加えて平和主義が国家権力の目的とされ，国民主権と民主主義がこれらの目的を実現する手段，国家権力行使の方法に関する原理となっているが，平和主義は直接に立憲主義を構成する要素ではない。また平和の実現のために戦争を制限することを打ち出した憲法は日本国憲法だけではない。古くは侵略戦争を放棄した1791年のフランス憲法にはじまり，それ以降同様に侵略戦争を放棄する規定を持つ憲法は世界各国に存在する。しかし国権の発動たる戦争の放棄，そして国際協力による徹底した平和主義を憲法の基本原理とし国家権力の目的としていることは，日本国憲法の特徴である。

1 国民主権

国民主権の原理は国民がすべての国家権力の究極の淵源とする原理であり，かつての明治憲法における君主制の為政者である君主と被治者である国民という関係ではなく，国民が為政者であり被治者であるという自同性を有するものである。君主制における統治者を支配する法の正当性は曖昧であったが，国民主権では主権者が自ら制定した法によって統治活動が正当化される。

この主権には三つの意味があり，まず国家の統治権としての国家権力そのものである。これは統治権を構成する立法権・司法権・行政権であり，国内にある者すべてにおよび，国外にある者に対しても一定範囲でおよぶものである。次に統治権の性質を表すもの，対内的には最高，対外的には独立するという国家権力の最高独立性，対外主権，対内主権である。そして三つ目が国政についての最高の決定権である。

これが国民主権について考える場合の主権とされるものである。これは権利の正当性の根拠に注目するものである。

宮澤俊義教授は，主権には正当性の契機と権力的契機の2つの要素があると説明している。正当性の契機とは国家権力行使にあたって究極的には国民の名において正当化されなければならないというものであり，権力的契機とは主権者である国民が国政の最高決定権を持つというものである。国民主権にはこの正当性の契機と権力的契機が融合したものであると説明している。
　佐藤幸治教授は，国民主権には正当性の原理としての側面と，実体憲法上の構成原理としての側面があるという。国民主権は国民に憲法を制定する権威があり，その憲法を前提として統治制度が組織されると説明している。
　そして，国民主権は実定憲法上の構成原理として統治制度の民主化の要請，民意を忠実に反映するように組織され，憲法の枠組みの中で民意が反映され活かされているかが問われる。加えて統治制度とその活動のあり方について監視する公開討論の場の確保が要請されているとする。
　国民主権を具体化する制度として，前文に「正当に選挙された国会における代表者を通じて行動」し，「その権力は国民の代表者がこれを行使」する代表民主制によって国民主権を実現していくことが宣言されている。そのため国民が国家意思を直接に決定する局面と直接国政に参与する局面がある。
　国民が国家権力の根源であることから，意思決定を行うという国家機関としての地位によるものであり，主権者として，一定の重要な事項で国民による直接の決定を委ねることが適当な事項について国民の意思を反映させるためである。
　国民が直接決定に参加するものとして，15条の公務員の任免に対して行われるものがある。これに該当するものとしては43条の国会議員の選挙，93条の地方公共団体の長や議院の選挙，最高裁判所裁判官の国民審査79条2項がある。特別の立法過程に参加するものとしては，95条の地方自治特別法のための住民投票，96条1項の憲法改正のための国民投票がある。
　憲法改正の国民投票については，立憲主義において権力の正当性は憲法に由来し，国民主権の立憲主義においては憲法が国民によって制定されること，つまり国民が憲法制定者であることを必要とすることに由来する。

そして，国政が「国民の厳粛な信託によるものであつて，その権威は国民に由来」するものであることから，国民の代表機関である国会は41条で「国権の最高機関」とされている。したがって，国会には法律の制定のみならず，96条に憲法改正の発議，73条3号に条約の承認，62条に国勢調査権などがその権限とされている。

国民主権において国民をどのように理解するのか，という点について主権者としての国民の量的範囲が問題となり，これには3つの考え方がある。

まず，国民を有権者全体としてとらえる具体的な存在，国民を能動的な行為能力を有する具体的な存在とする場合，参政権を持つ国民が現実に権力を行使する国家機関として能動的な行為能力を有するものとして国民を理解しようとする。

次に観念的な存在として，国民を現在存在している日本国籍を持つ個々の国民の全体とする場合，国民は受動的に行為する存在として理解される。

最後に，過去，現在，未来のすべての国民を含む永続的な統一体としての観念的で抽象的な国民として理解されるものがある。しかしこれを主権の主体としての国民とするとき，国民はその意思を具体的に決定することは不可能となる。

2 平和主義

日本国憲法の基本原理に平和主義が取り上げられている理由として，日本国憲法の制定経緯，憲法制定の契機となったポツダム宣言における軍国主義者の勢力の否定，戦争遂行能力保持の否定，武装解除と，マッカーサー・ノートという外圧的な理由もあるとされるが，何よりも当時の日本の状況，戦争に対する深い反省と平和への希求が反映されているものである。

そのため前文では平和に関する記述に多くの文字数が割かれている。前文1段で国際協調と国民主権，自由の確保は政府の行為によって起こる戦争を防ぐ保障とされ，2段で国際平和実現に向けた国際協調と，「平和を維持し，専制と隷従，圧迫と偏狭を地上から永遠に除去しようと努めてゐる国際社会におい

て，名誉ある地位を占めたい」という国際社会に対する日本の平和への取り組みのあり方と，平和な社会で生きることが人権の問題であると述べられている。そして3段で国際協調主義が世界各国の責務であるとし，4段で「崇高な理想と目的」を達成することを誓っている。

さらにこの平和主義を具体化するため本文では「戦争の放棄」として第2章を設け，そこで徹底した平和主義を表明している。かつて1928年の不戦条約などでは侵略戦争を放棄する規定があったが，日本国憲法ではさらに9条1項で侵略戦争を含めたあらゆる戦争を放棄し，その徹底として2項で戦力の不保持と，国の交戦権を否定することによって，一切の戦争を不可能にすることで平和の実現を具体化するものとした。

平和の実現の取組みについては自国のみでなく国際協調に基づくものとし，前文で「平和を愛する諸国民の公正と信義に信頼して，われらの安全と生存を保持」とし平和を確保するものとした。そしてこの国際協調に基づいて平和を実現するという前文の趣旨は，98条2項の国際法や国際法規を誠実に遵守するとして規定に反映され，さらに補強されている。

3 基本的人権の尊重

人間として当然に共有すべき権利を基本的人権といい，この基本的人権の尊重は権力分立に基づく統治機構と並んで，近代憲法の構成要素でもある。しかし基本的人権の尊重については，憲法前文において明記されていないが，「自由のもたらす恵沢の確保」という文言は，この基本的人権の尊重を示唆したものとされる。

明治憲法では臣民の権利は天皇によって恩恵として与えられたもので，法律によってそれらの権利は制限しうるものであった。しかし日本国憲法において基本的人権は本文3章に国民の権利及び義務として詳細に規定され，11条で基本的人権を「侵すことのできない永久の権利」とし，「国民は，すべての基本的人権の享有を妨げられない」ものとし，人権を不可侵の自然権的な権利としている。基本的人権は人種や性別，社会的な身分を前提とするものではなく人

間性から派生するする固有の権利であり，普遍的なものである。

　加えて10章最高法規の97条では「現在及び将来の国民に対し，侵すことのできない永久の権利」と定めている。この規定が憲法の最高法規として位置づけられている理由は，憲法が自然権的な人権の保障が憲法の最高法規性の実質的根拠としての意義が強調されている。

　また憲法81条の裁判所の法令審査は，法律・命令・規則処分の合憲性を審査する権限を裁判所に与え，立法権・行政権による人権侵害に対して裁判上の救済手段を設け，憲法で保障している人権に対して実質的な保障がなされている。基本的人権に対するこの保障制度によって憲法の優位が確保され，憲法の保障する権利・自由が立法に対抗することが可能となっている。

　基本的人権は生まれながらに有する「侵すことのできない永久の権利」でありながらも，無制限に認められるものでなく限界と責任があり，他人との関係で制約され，相互の調整から規制を免れない。このことは基本的人権そのものを奪うことを意味するのではなく，行使の方法について法律によって制限しうるということであり，「公共の福祉」がその制約として示されている。

　「公共の福祉」は12条で基本的人権の利用にあたって「公共の福祉」のために利用する責任を負い，13条で「公共の福祉」に反しない限り国政上最大限尊重されなければならないとする。22条・29条で職業の自由，財産権の経済的自由についてはとくに「公共の福祉」による制限があるとされる。このことは資本主義社会において必然的に生じる弊害を除去するために国家が国民の経済生活に対して必要な策を講じるためとされる。

　明治憲法と比して，日本国憲法のもとで基本的人権として保障される範囲は広がっている。それは基本的人権は近代の人権宣言において主として自由権を意味するものとして理解されていたが，この自由権を確保するために参政権が必要とされるようになった。そして福祉国家に発展するにつれ社会権が基本的人権とされるようになった背景もある。

　明治憲法下において保障された人権は，居住移転の自由，裁判を受ける権利，住居への侵入，捜索および押収の制約，所有権，信書の秘密等で，主として経

済活動，精神活動の自由と人身の自由であり，国家が個人の領域に対して権力的に介入することを排除する自由権が中心であった。これらの権利・自由には法律の留保があり，とくに信教の自由については，法律の留保がなく，「安寧秩序ヲ妨ケス及臣民タルノ義務ニ背カサル限ニ於テ」とするもので，政府の命令によって制限することができるものであった。

日本国憲法において基本的人権の性質を生来的に有する「侵すことのできない永久の権利」として位置づけた上で，憲法によって保障される権利・自由は自由権，国民が国政に参加することを保障する参政権，資本主義の高度化によって生じた社会的・経済的弱者の保護の保障について，国家に積極的な配慮を求める権利である社会権とその範囲は幅広いものとなっている。

加えて社会の発展によって憲法制定時に予想されず明記されていない新しい人権が，社会の発展によって主張されるようになった。この新しい権利とされるのは，個人の人格的利益を保護するための権利である「人格権」や，私生活を他人の侵害から守り，社会的評価に関わりなく侵害によって生じる精神的苦痛を救済する，そして真実であっても秘密にしておきたいことを保護することである「プライバシー権」，人が健康で快適な生活を維持するために必要な良い環境を求めること，またこの環境を侵すことを許さない「環境権」などが13条の幸福追求権を根拠として主張されるようになっている。このうちいくつかについては判例や実務上で認められている。

第4章

天　　皇

第1節　天皇の地位と皇位継承

1　天皇の地位

　憲法1条は，天皇の地位について，「天皇は，日本国の象徴であり日本国民統合の象徴であつて，この地位は，主権に存する日本国民の総意に基く」と規定している。この条文では，天皇は「日本国の象徴」「日本国民統合の象徴」とされ，天皇が国政において果たすべき役割は日本国および日本国民の統合の象徴たることとされる。GHQ民政局では，イギリスを手本（ウェストミンスター憲章など）にして「象徴」という言葉が採用されたといわれている。
　そして，天皇と国民主権との関係・関連性が問題となる。そこで憲法1条は，天皇の地位について，「この地位は，主権の存する日本国民の総意に基く」として，国民主権のもとで象徴天皇制という形で維持されている。明治憲法とは違い，天皇は統治権の総攬者ではないので，国家権力（統治権）は立法権を国会に，行政権を内閣に，司法権を裁判所にそれぞれ属すことになり，天皇は統治機構の中での役割を形式的・儀礼的な「国事に関する行為」に限定され，また「国政に関する権能を有しない」とされる。したがって，現行憲法下の天皇は形式的，儀礼的な存在であり，政治には一切関与しないものとされる。
　象徴とは，目に見えない抽象的，観念的，無形的あるいは超感覚的な事柄を，目に見える具体的，実在的，有形的あるいは感覚的なものによって表すことである。例えば，鳩は平和を象徴するなどがこれである。人は鳩を見ることで，

平和を想起し，平和の重要性を意識するものである。これと同じように，天皇は日本国・日本国民の象徴とされる以上，国民の多くは天皇を見たり考えたりすることによって，目に見えない抽象的，観念的な事柄としての日本国または日本国民の統合体を想起し，自己が共同体たる日本国の構成員，つまり国民であることを意識する。天皇は象徴としての役割を果たすために，天皇側で何らかの行為をする必要があるわけではなく，天皇の存在それ自体が象徴としての役割を果たす。そして，天皇がより象徴としての役割を果たすためには，国政の重要な局面で天皇の存在を印象づけるべきであろう。そこで，日本国憲法は，後述する国事行為を天皇の権能として定めたといえる。

　日本国憲法上，天皇は一般的にいわれている君主，あるいは元首といえるのか問題となる。君主とは一般的に，世襲その他血統を背景とする権威によって国家を継承し，統治し，その国家，国民を象徴し，また国民の畏敬の対象となる地位にある者といわれている。また君主概念は歴史的なものであり，対外的に国家の主権を表し，国内統治では統治権，少なくとも行政権を掌握し，国家や政府の象徴的存在であるとされている。

　日本国憲法下の天皇は行政権を掌握しておらず，対外的代表権もはっきりとしていないことにより，君主ではないという説が有力である。しかし，天皇の地位は世襲であり，国家の統治についても形式的，儀礼的とはいえ，部分的ながらも重要な権能（内閣総理大臣の任命，衆議院の解散など）があり，対外的代表の性格も不十分とはいえ有しており（批准書及び法律の定めるその他の外交文書を認証することや外国の大使及び公使を接受することなど），国家・国民の象徴性も有していることを考えると，天皇も君主であるとする説もある。

　次に，元首は国家有機体説と結びつく。国家元首はhead of the stateと呼ばれ，君主国においては君主が元首であり，君主は前述のように従来の概念では統治権を掌握し，国家の対外的代表権を有し，国家・国民の象徴としての地位にあるものであった。つまり，元首も対内的には名目的な権能（特に行政権）しか有さなくても，さらに，もっぱら対外的に国家を代表するだけでもよいとされるようになった。天皇は全権委任状・大使・公使の信任状の認証，批准書

その他の外交文書の認証，外国大使・公使の接受などの日本国の対外的代表の権能が不十分ながらも備わっているといえることから，天皇を元首と考えることも可能である。なお，外交慣例上天皇は日本国の元首として処遇されている。

2 皇位継承

皇位継承について，憲法2条は「皇位は，世襲のものであつて，国会の議決した皇室典範の定めるところにより，これを継承する」と規定し，皇位継承の詳細は国会の議決した皇室典範に委ねている。

これを受けて，皇室典範1条は，「皇位は，皇統に属する男系の男子が，これを継承する」と規定している。すなわち，父親を天皇とする男系男子にしか皇位継承権が与えられていない（過去には推古天皇や持統天皇など男系女子が皇位を継承した例が存在したが，女系天皇は長い皇室の歴史の中で一度も存在していない）。

現在，皇位継承は前述のように男系男子にのみに認められ，その順位は皇室典範2条において規定されている（順位は，①皇長子，②皇長孫，③その他の皇長子の子孫，④皇次子およびその子孫，⑤その他の皇孫，⑥皇兄弟およびその子孫，⑦皇伯叔父およびその子孫）。もし同法2条の規定する皇族がいない場合は，それ以上で最近親の系統の皇族となる。

第2節　天皇の権能

1 国事行為と国政に関する権能

憲法4条1項は，「天皇は，この憲法の定める国事に関する行為のみを行ひ，国政に関する権能を有しない」と規定している。国事に関する行為とは，憲法6条および7条によって国政に実質的な影響を及ぼすことはないが，国家の行為に尊厳性を与えるような形式的・名目的または儀礼的な行為をいうものと解される。天皇の国事に関する行為は，いくら形式的とはいえ国家運営に深く関わってくる行為である以上，憲法6条・7条に具体的かつ制限的に列挙されて

いる。

　国政に関する権能とは，国の統治作用もしくは政治的決定を行い，またそれに影響を及ぼすような行為をなす権能をいう。したがって，天皇が国政を決定するような行為や，選挙権行使などを行うことができない。

2　国事行為の種類と内閣の助言と承認

　天皇は憲法に従って国事に関する行為（国事行為）のみ行うものとされ，その内容は憲法6条および7条に具体的かつ制限的に列挙されている（①内閣総理大臣の任命（憲法6条1項），②最高裁判所長官の任命（2項），③憲法改正，法律，政令および条約の公布（憲法7条1号），④国会の召集（2号），⑤衆議院の解散（3号），⑥国会議員の総選挙の施行の公示（4号），⑦国務大臣及び法律の定めるその他の官吏の任免並びに全権委任状および大使・公使の信任状の認証（5号），⑧大赦，特赦，減刑，刑の執行の免除及び復権の認証（6号），⑨栄典の授与（7号），⑩批准書及び法律の定めるその他の外交文書の認証（8号），⑪外国の大使及び公使の接受（9号），⑫儀式を行ふ（10号））。天皇は以上の国事行為を行うことになるが，天皇が自らこれらの行為を行えない場合は，憲法は天皇の行為を代行する2つの制度を設けている。それが摂政と臨時代行である。

　天皇の行う国事行為は内閣の助言と承認を必要とする（憲法3条）。天皇は国事行為を単独で行うことはできず，内閣の助言と承認を要件としている。憲法7条については，重ねて助言と承認の必要を謳っている。憲法6条における内閣総理大臣の任命は国会の指名に基づいて行う以上，そこに内閣の助言と承認が加えられるのはおかしなことであるが，同条2項の最高裁判所長官の内閣の指名に基づいて任命されるので，ここでは内閣の助言と承認を要するものと解すべきであろう。

3　天皇の公的行為

　天皇の行為としては，上記の国事行為以外に純粋な私的行為がある。天皇もわれわれ国民と同じように私的な生活がある以上，私的行為は認められている。例えば，学問的な研究，大相撲や野球観戦，ご旅行などがこれである。では，私的行為や国事行為以外の行為は一切認められないのであろうか。実際には，国会の開会式や戦没者追悼式での「おことば」，外国への親善旅行（皇室外交），園遊会，国民体育大会や全国植樹祭への出席などは，公的な性質を帯びた行為といえるが，憲法上定められている国事行為とまではいえない。

　そこで，これらの天皇の行為を象徴としての公的行為と捉え，それぞれの象徴としての地位に対応した行為を想定する。そして，最終的に内閣の助言と承認のもとにあれば，これらの行為を行うことができるとする。

第5章

国家の安全保障

第1節　憲法前文と平和主義

1　憲法前文の概要

　憲法前文は個別条項（本文）の前に置かれた文章のことをいい，憲法の制定目的や経緯，あるいは憲法の基本原理などが書かれている。そのため憲法の前文は「憲法の憲法」ともいわれ，比較法的にも前文を備えた憲法典の形式が一般的となっている。日本国憲法も634字からなる4段構成の前文があり，憲法の制定理念や基本原理などが述べられている。

　4段構成の日本国憲法の前文は，まず1段で国民主権・基本的人権の尊重・平和主義といった現行憲法の基本3原則について取り上げている。具体的には1段の1文で「自由のもたらす恵沢を確保し」とする文章があり，この部分が基本的人権の尊重の内容にあたる。平和主義については，「再び戦争の惨禍が起ることのないやうにすることを決意し」の文章が，国民主権は，「ここに主権が国民に存することを宣言し，この憲法を確定する」箇処となる。また1文の冒頭では「正当に選挙された国会における代表者を通じて行動し」と代表民主制の採用や，同じく末尾の「これに反する一切の憲法，法令及び詔勅を排除する」と憲法改正限界説の考え方も見て取ることができ，前文の1段は現行憲法の理念が集約されているといえよう。

　次に前文2段では平和主義原理を主たる内容としており，これを具体化したのが憲法9条となる。また，2段の末尾には「平和のうちに生存する権利を有

することを確認する」とした平和的生存権の記述もある。ただし，この平和的生存権に関しては，現在その法的性格をめぐって学説が対立しており，前文の主要な論点の1つとなっている。

3段は国際協調主義についての内容で，日本国憲法が拠って立つ国際観が示されている。具体的には国家間における主権は対等な関係にあるとした上で，他国の主権を尊重し，さらには自国の利益のみを追求する独善的な行為の排除があげられている。このような第3段の内容を具体化したのが憲法98条2項となる。最後の4段は前文で掲げた各理念の達成努力が誓われている。

2　憲法前文の法的性質

ところでこの前文に関しては，その法的性質の理解をめぐって学説が対立している。具体的には前文に法規範としての性質と，裁判規範としての性質が認められるかの問題である。この「法規範としての性質」とは，文字どおり法としての性質を備えた規範のことをいい，前文にこの性質が認められる点では学説上の争いはない。その理由としては，前文は本文と同様に，法規範である日本国憲法の一部を構成しているからである。そのため前文の修正は，本文同様に憲法96条の改正手続が必要となる。これに対して学説上争われているのが，前文の「裁判規範としての性質」である。裁判規範とは，紛争解決の基準として裁判所が直接的に適用できる法規範のことをいう。現在，前文に裁判規範として性質が認められるかについて，肯定説と否定説が対立しており，このうち否定説の論旨は，前文の記述が抽象的であるために裁判規範には適せず，前文の内容を具体化した本文を裁判規範として用いればよいとしている。そして前文の役割は，本文の意味内容が問題になった際にその解釈基準として用いられるとしている。現在，この否定説が一般的に支持されており，判例においても前文の裁判規範性に関する明確な判断は示されていないものの，前文の平和的生存権の具体的権利性が争われた砂川事件などでは（最大判昭34・12・16刑集13巻13号3225頁），前文の裁判規範性に対して消極的な姿勢がとられている。

3 平和的生存権

　前文の2段では平和的生存権の言及があるが，前文の裁判規範性との関係で，この権利の法的性質も議論の対象となる。平和的生存権とは，平和的秩序を希求する権利のことで，現在この権利は国民各個人に対する人権の1つとして解されている。平和的生存権に具体的な権利として認められるかについては，国民の生命などを脅かすような9条違反の国家行為に限り，前文の平和的生存権に基づいて，国民各個人が国家に対して取消請求できるとした肯定説が有力説化しつつある。しかしながら学説の大勢は，平和的生存権を理念的な権利として理解するのが一般的で，現実問題として法廷で平和的生存権が主張されても，この権利の具体的内容が定まっていない現時点では，その実効性は難しいと解されているからである。また前述したとおり，前文の裁判規範性については否定説が通説であり，裁判では前文を直接的に用いることができないとされている。そのためこの前文の平和的生存権も，具体的権利性はもちろんのこと裁判規範性についても否定されることになる。その一方で，もし前文の平和的生存権に裁判規範性がないと解すると，本文の各条項に平和的生存権の規定がないため，この権利が空文化してしまう。そこで最近では前文の裁判規範性の有無に関係なく，平和的生存権には一定の具体的権利性があるとして，裁判規範性を認めようとする見解もある。下級審レベルでは長沼事件の1審判決が平和的生存権の具体的権利性を認めており（札幌地判昭48・9・7判時712号24頁），イラク特措法（平15法137）に基づく自衛隊の海外派遣の合憲性が争われた際にも，平和的生存権の具体的権利性を認めている（名古屋高判平20・4・17判例集未搭載）。しかしながら基本的に司法の判断は平和的生存権の具体的権利性に対して懐疑的であり，自衛隊基地の建設をめぐる土地売買契約の有効性が争われた百里基地訴訟の最高裁判決などでは，平和的生存権の内容は抽象的であるとして，具体的権利性とともに違憲審査基準としての性質まで否定しており（最判平元・6・20民集43巻6号385頁），長沼事件の控訴審判決では，1審での平和的生存権の具体的権利性を肯定した判決を取消して，否定説の立場を示している（札幌

高判昭51・8・5行集27巻8号1175頁)。

第2節　戦争放棄－憲法9条の解釈

1　9条の成立過程

　日本国憲法は2章で「戦争の放棄」という表題を設け，現行憲法の基本原則の1つである，平和主義に関する条文を9条に置いている。この9条の掲げる平和主義の内容は世界に比類のない徹底したもので，例えば1789年のフランス革命後に制定された1791年憲法6編1条には，征服戦争の放棄に関する規定はみられるものの，日本国憲法9条2項のような戦力の放棄や，交戦権の否認までは明確に定めていない。これは日本と同じく第2次世界大戦の敗戦国となったドイツ連邦共和国の基本法や，イタリア共和国の憲法にさえも同じことがいえる。では，なぜ日本がこれほどまでに徹底した平和主義の憲法を制定したかについては，日本が第2次世界大戦の当事国になったという反省や，人類史上初めて原子爆弾の惨禍を受けた被爆国としての経験に基づくとされる。

　しかしながら，実際に，このような9条の規定が設けられる直接的な契機となったのは，昭和21 (1946) 年2月3日に連合国軍総司令部で作成された『マッカーサー・ノート』といえよう。この文書は，最高司令官のダグラス・マッカーサーが現行憲法を制定する際の骨子となる基本3原則を示したもので，その第2原則が紛争解決のための手段としての戦争放棄や，自己の安全を保持するための手段としての戦争の放棄，さらには陸海空軍その他の戦力の不保持や交戦権の否認といった，まさしく9条の原型となる内容構成となっていた。これに対して，当時，天皇制の存続を最重要課題としていた日本政府は，当時，高まっていた国際的な天皇制批判を緩和させられると判断して，この『マッカーサー・ノート』に基づく総司令部の憲法草案を受け入れて，明治憲法の改正手続に則って憲法起草作業を進めていったのである。

2　9条の法的性質

　9条の法的性質については，法規範性はもちろんのこと裁判規範性も認められると解するのが一般的で，このような理解によって9条に違反する法令あるいは国家行為は憲法違反になる。ただしいずれも少数説ではあるが，9条の内容は国家の安全保障にかかわる高度な政治判断を要するため，裁判所の判断よりも主権者である国民の判断の方が妥当であり，9条違反の判断は裁判所ではなく国会や選挙などの政治的な場で行うべきとして，9条は裁判規範性のない政治的規範であるとする見解や，さらには，裁判規範性はもちろんのこと法規範性までも否定して，9条は単なる政治的宣言・マニフェストに過ぎないとする見解もある。

3　戦争放棄条項（9条1項）

(1)　戦争の放棄の主体者
　9条の内容を詳述すると，1項では日本国民が永久に戦争を放棄したことを述べている。このうち戦争を放棄した「日本国民」の主体者とは，日本国籍をもつ各個人ではなく，主権者としての国民を意味する。このことから「日本国民」は「日本国家」と同じ意味で理解することになるが，その一方でこのような理解であると，前文1段で「日本国民」が政府の行為よる戦争の惨禍を防ぐとした文意が，「日本国民」を「日本国家」と同義的に扱ってしまうことで生かされなくなるとの批判がある。

(2)　「戦争」の内容
　この1項では「国権の発動たる戦争」をはじめに，「武力による威嚇」，「武力の行使」の放棄を述べている。このうち「国権の発動たる戦争」とは，国際法上の手続きに則った宣戦布告や，武力衝突を前提とした国交断絶など，戦争の意思表示が形式的・黙示的に示された戦闘行為のことをいう。次に，「武力の行使」とは，宣戦布告や国交断絶を行っていないが，実質的に「戦争」状態に入った場合のことをいい，昭和6（1931）年の満州事変がそれにあたる。し

たがって,「国権の発動たる戦争」と「武力の行使」の違いは,前者が形式的意味の戦争,後者は実質的意味の戦争として分類されている。そして,「武力による威嚇」とは,相手国に対して自国の要求を受け入れさせるために,軍事力を背景にして政治的圧力を加えることをいい,明治28 (1895) 年の下関条約に対する三国干渉や,大正4 (1915) 年の対華21カ条の要求がこれにあたる。

特にこの1項で注目すべき点としては,後段の「国際紛争を解決する手段としては,永久にこれを放棄する」とする文言である。それは,この文言が戦争を放棄するにあたって,表現上,「国際紛争を解決する手段としては」という条件を付けているようにも読めるからである。このような視点から「国際紛争を解決する手段としては」の解釈をめぐって,論争が繰り広げられている。そのうち「国際紛争を解決する手段」の文言は国際法上の一般的な用例によると,昭和3 (1928) 年に調印された不戦条約1条の「国家ノ政策ノ手段トシテノ戦争」の文言と同意義とされ,具体的には侵略戦争のことを指すとされる。つまり,国際法上の用例に従って9条1項を読めば,この条文でいう「国際紛争を解決する手段」としての戦争放棄とは侵略戦争の放棄となり,自衛戦争までについては放棄していないと解釈することもできるのである。そのため,現在,この「国際紛争を解決する手段」の理解をめぐって,1項全面放棄説,2項全面放棄説,限定放棄説の対立がみられる。このうち1項全面放棄説は,日本国憲法の場合,国際法上の文言の用例に関係なく,侵略戦争は当然のこと,自衛戦争も含めたすべての戦争を放棄したと解する説である。この説によれば,自衛戦争も基本的には国際紛争を前提にしており,歴史的にみても自衛戦争の名の下に侵略戦争が繰り返されていることを考えれば,自衛戦争と侵略戦争を区別することは無益であるとする戦争観に基づく。よって1項全面放棄説は,9条1項の規定から侵略戦争はもちろんのこと,自衛戦争も含めた一切の戦争を放棄したことになる。

次に,2項全面放棄説とは,「国際紛争を解決する手段」の意味を国際法上の用例に基づいて解釈し,1項での戦争放棄とは侵略戦争のみを放棄したと解している。ただし,注意すべき点はこの学説が自衛戦争の遂行を容認している

わけでなく、基本的には1項全面放棄説と同じく自衛戦争を否定する立場にある。それは9条2項が「戦力の不保持」と「交戦権の否認」を規定している関係上、軍隊などの戦力を用いた自衛戦争の遂行は実質的に不可能となるからである。このような論旨からこの説では、9条は結論的には自衛戦争を放棄しており、その放棄の確認が9条2項の「戦力の不保持」と「交戦権の否認」の規定で行われていることになるため、学説の名称を2項全面放棄説とし、現在、この説が通説とされている。

これに対して限定放棄説は自衛戦争を可能とする学説で、2項でいう「戦力の不保持」と「交戦権の否認」は、侵略戦争のための否認であって、自衛戦争の戦力と交戦権までは放棄していないとする説である。これは2項の「前項の目的」が1項の「国際紛争を解決する手段」を指し、さらにこの文言が国際法上の用例通り侵略戦争を指すという理解に基づく。

4　戦力の不保持と交戦権の否認条項（9条2項）

(1) 前項の目的

日本国憲法9条2項の前段では、「前項の目的を達するため」に戦力を保持しないと規定しているが、この「前項の目的」が具体的に何を指しているかをめぐって、学説上の対立がみられる。なぜなら、この「前項の目的」の文意が9条1項のどの部分に掛かるのかによって、現行憲法下における自衛戦争の考え方に、大きな影響を及ぼすからである。そのうちA説として、「前項の目的」とは憲法9条1項の目指す指導精神と解する説である。具体的には、1項は一切の戦争を放棄したという精神で制定された条項であって、2項はその精神を受けて、一切の軍備も持たないとする確認規定としている。これに対しB説は、「前項の目的」は1項の「日本国民は正義と秩序を基調とする国際平和を誠実に希求し」の文言を指すものとし、「前項の目的を達するため」というのは、戦力不保持の動機を述べたに過ぎないとしている。そして、C説は「前項の目的を達するため」の文意は、「国際紛争を解決する手段としては戦争を放棄する」の文言を指すと解する説で、これは国際法上の用例を尊重した「国

際紛争を解決する手段」イコール侵略戦争という理解に基づくものである。このうちA説とB説の解釈上の違いはほとんどなく，長沼事件の一審判決（前掲札幌地判昭48・9・7）などは，A説・B説の両方の論旨を用いて「前項の目的」について述べている。現在，これらの説のうちB説が多数説である。

(2) 戦　　力

9条2項の条文は，冒頭の「前項の目的」の文言を受けて「陸海空軍その他の戦力は，これを保持しない」と続くが，この規定によって日本は戦力をもたないと宣言した形となっている。ただし，この「戦力」の概念は多義的であり，組織の規模や装備能力の捉え方について学説上の対立がみられる。加えて憲法解釈上，ここでも前述のような侵略戦争の戦力だけを放棄したのか，それとも自衛戦争の戦力をも放棄したかの検証も必要となる。とくに現行の自衛隊がこの2項で放棄されている戦力に該当するのかについては，自衛隊の前身にあたる警察予備隊の創設以来論争が続いている。この戦力の概念については複数の学説が存在しており，まず潜在的戦力説（A説）がある。この説は，陸海空軍といった武装組織はもちろんのこと，戦争遂行にとって有用な一切の潜在的能力も戦力として把握する説である。そのため軍需産業，航空機，港湾施設，核戦力研究など，戦争目的に動員できるすべてのものが戦力とみなされるため，純粋な科学技術の研究であっても戦力になってしまうとの批判がある。2つ目に警察力を超える実力説（B説）がある。この説は警察力と戦力の区別を行い，この場合の警察とは国内の治安維持を任務・目的とする組織のことをいう。これに対して，戦力とは，外敵の攻撃に対して実力をもって抵抗し，国土を防衛することを目的として設けられた人的・物的手段の組織体のことをいい，民兵組織など有事の際に戦力として転化できる実力部隊もこの戦力に含まれる。そのためこの説の場合，現行憲法上，警察力の保持については何ら問題ないが，警察力を超えた実力については戦力に該当し，保持が禁止されることになる。現在，このB説が通説とされているが，この説であると現行の自衛隊が禁じられている戦力に該当することになるため，自衛隊と憲法の関係が問題となる。これについて昭和25（1950）年に自衛隊の前身である警察予備隊が発足し

た際，内閣法制局は警察予備隊の性格を，国内の治安維持のために警察力の補充的な役割を果たす組織とし，2項の禁じる戦力にあたらないとした。そして昭和27（1952）年に警察予備隊が保安隊に改組された際に，日本政府によって新たに示された戦力概念が近代戦争遂行能力説（C説）である。この説によれば，戦力とは，近代戦争遂行に役立つ程度の装備・編成を備えたものとし，政府はこの時に改組された保安隊について，近代戦争を遂行できる程の装備・編成を備えておらず，その本質は警察上の組織であるとして，保安隊の戦力性を否定した。当初，政府見解でもあったこの学説に対しては，近代戦争遂行に役立つ程度といった場合の基準が不明確であるとの批判がなされていたが，昭和29（1954）年の自衛隊の発足と日米相互防衛援助協定の締結に及んで，日本政府が再度示した戦力概念が必要最小限度を超える実力説（D説）である。これが現在の政府見解となっており，このD説によれば，憲法9条1項は，自衛権という独立国家としての固有の権利までも否定していないとする。そして9条2項は戦力の保持を禁止しているものの，これは自衛のための必要最小限度の実力を保持することまでを禁じた趣旨ではなく，その限度を超える実力保持の禁止を定めたものと説明している。このことから政府見解によれば，自衛隊は日本を防衛するための必要最小限度の実力能力を超えていなければ，2項の禁止する戦力にはあたらないとしている。

　9条2項の「戦力」に関する判例としては，在日米軍に関する特殊な事例ではあるが，日米安保条約に基づいて駐留する米軍が，憲法9条2項で禁じる戦力の保持にあたるかについて争われた砂川事件がある。1審判決（伊達判決）は，在日米軍を憲法の禁じる戦力に該当するとして，B説の立場から日米安保条約に対する違憲判決を下したが（東京地判昭34・3・30下刑集1巻3号776頁），飛躍上告先の最高裁は，9条2項が「いわゆる自衛のための戦力の保持をも禁じたものであるか否かは別として」と，その判断を行わずに1審判決を破棄差戻した。なお，この事件で最高裁は戦力の概念について言及しており，最高裁によれば戦力とは「わが国がその主体となってこれに指揮権，管理権を行使し得る」もので，「外国の軍隊は，たとえそれがわが国に駐留するとしても，こ

こでいう戦力には該当しない」としている（前掲最大判昭34・12・16）。

(3) 戦力の不保持

憲法9条2項の「陸海空軍その他の戦力は，これを保持しない」とする条文には，後半の「保持しない」の文言について，学説が対立している。基本的にこの「保持しない」の文意は旧日本軍の解体とその復活の禁止を目的とし，さらには将来日本が新たな軍隊を組織編制することをも禁止したと理解されている。ところがこれとは別に不保持の解釈で現在問題となっているのが，日本の主権の及ぶ範囲に外国軍の駐留が認められるかであり，日本には日米安保条約に基づいてアメリカ軍が駐留しているが，これが9条2項の「その他の戦力は，これを保持しない」の規定に反するのかについて学説が対立している。

これに関して，合憲説（A説）によれば，2項の戦力の不保持には外国の軍隊は対象とされず，駐留は憲法上問題ないとしている。そして，その理由づけについてはいくつかの説明が試みられており，まず非戦力説（A－1説）によれば，9条で不保持とした戦力とは，日本が指揮・管理権を行使する戦力であるため，外国の軍隊が日本に駐留しても日本政府の指揮系統外にあることから，9条でいう戦力には当たらず，不保持の対象にならないとしている。

次に暫定措置説（A－2説）は，9条では日本の安全保障が，国連の下での集団的安全保障方式を前提にしているため，その方式が実施されるまでの間，暫定的に特定の外国軍を駐留させることは憲法上許されるとしている。最後に準国連軍説（A－3説）の説明によれば，基本的に9条は日本の主権の及ぶ範囲において戦力の存在を認めておらず，その意味では外国軍の駐留も違憲となるが，その外国軍が国連軍に準じてみることが可能であれば違憲にはならないとする説である。このような合憲説に対して違憲説（B説）は，日本に駐留する外国軍はたとえ日本の指揮系統外にあっても，能力上，9条でいう戦力であり，不保持の対象になるとしている。つまり外国の軍隊といえども日本にける駐留は，違憲問題を生じさせることになる。砂川事件の最高裁判決はA－1説の立場から駐留アメリカ軍の合憲性を認めたことがあるが（前掲最大判昭34・12・16），学説としてはB説が多数説となっている。ただし，アメリカ軍の駐

留は憲法制定時にまったく想定していなかった事態であったとして，この問題を「憲法の欠缺」とする見方もある。

(4) 交　戦　権

憲法9条2項の後段では，国の交戦権も放棄したことが述べられている。この交戦権の意味についても学説が分かれており，A説として，交戦権とは文字通り国家が戦争を行う権利とする解釈が，B説でいう交戦権とは，国家が交戦国として国際法上認められている各種の権利の総称を指し，具体的には交戦相手国に物資等を輸送する中立国の船舶に対する臨検，拿捕，貨物の没収等といった交戦国の中立国との関係における権利や，交戦国相手国の兵力を殺傷破壊したり，相手国の領土を攻撃占領するなどの交戦国相互間に適用される交戦法規上の権利などがこれにあたるとしている。そして，C説では，交戦権をA説・B説の両方の性質を合わせもった権利として解している。このような交戦権に関する学説の選択は，9条1項の戦争放棄の理解と相関関係にあり，たとえば，A説・C説の何れかを選択すれば，これらの説は交戦権を国家の戦争を行う権利として放棄していると解しているため，自動的に自衛戦争でさえも放棄したことになり，戦力もまったく必要とされないことになる。これに対してB説は，交戦権を戦争遂行のための付属的諸権利に関するものとして捉え，国家が戦争を行う権利そのものは含めていないことから，自衛戦争を認める学説はこのB説を支持することになる。ただし，B説をとると自衛戦争はできるとしても，交戦国と中立国との関係における権利や，交戦国相互間の交戦法規上の権利などを放棄しているため，運用上，自衛戦争の遂行には現実的ではない側面がある。

現在，政府見解はB説の立場にあるが，この運用上の問題点について日本政府は，「自衛権の行使として相手国兵力の殺傷と破壊を行う場合，外見上は同じ殺傷と破壊であっても，それは交戦権の行使とは別の観念のものである」と説明している。実際に日本政府は平成16（2004）年に有事法制の1つである外国軍用品等海上輸送規制法（平16法116）を成立させ，紛争相手国ではない第3国の船舶に対し紛争相手国の軍用品等を輸送している疑いが相当強い場合には

船舶検査を行い，拒否した場合には警告射撃や船体射撃などの武器使用を認める規定を置いている。

第6章

基本的人権

第1節　人権総論

1　人権の意義

　近代憲法は，国家権力の行使を制限し，法の支配に基づく人権保障をその任務としている。ここでいう人権は，すべての人間が生まれながらにして有する奪うことのできない権利（自然権）をもつという思想に立脚するものである。この人権保障を確実なものとするために，近代憲法においては，権力の濫用を防ぐための権力分立制度を樹立し，自由の基礎たる憲法そのものに最高法規性を与えているのである。すなわち，人権は，国家権力によって侵してはならないものであり，民主政治においては多数意思といえども侵してはならないものであって，人間が人間らしく生きていくための大前提となるものである。

　日本国憲法は，これと同様の思想に立脚しており，第3章において人権保障を明記し，統治組織については権力分立制度を採用し，憲法の最高法規性を明記するとともに裁判所に違憲審査権を付与して，人権保障を中核に据えている。

　日本国憲法では，国民がすべての基本的人権を享有し，侵すことのできない永久の権利であって，将来の国民に対しても与えられるものと定めている（11条）。ここには，法律をもってしても奪うことのできない権利として，すべての人間が生まれながらに有する権利であるという人権の本質が確認されている。また，97条では，人権の不可侵性を繰り返し規定している。このように，日本国憲法は，基本的人権の保障が憲法の核心部分であることを示している。

2 人権の享有主体

人権保障の具体的内容は，各個人がおかれている法的立場，関係性によって差異がある。これは，個人の存在が他との関係によって成立するからである。

(1) 外 国 人

外国人の人権については，憲法の多くの人権規定が人間として生まれながらに有する権利をその本質に据えていることから，その享有主体を国民に限ることなく，個々の権利の性質を踏まえた上で，外国人の立場にいる者にも保障される権利と保障されない権利を区別すべきであると一般的に解されている。

通説的見解（性質説）によれば，自然権を前提としている自由権については，その性質上，原則的に外国人にもその保障が及ぶと解する。しかし，自由権の中でも経済活動の自由については，国民と異なる制限をつけることは，合理的理由がある限り許されるとする。また，精神的自由権の政治活動の自由は，参政権や国民主権の原理との関係からみて，わが国の政治問題に対する不当な干渉にならない限りにおいて認められるとし，判例も同様の立場に立つ。

また，入国の自由については国家の主権との関係，参政権や公務就任権については国民主権との関係，社会権については国家財政，福祉政策との関係など，その権利の性質と他の憲法原理との整合性によって判定されるべきであるとされている。

(2) 特別の公法関係

公務員と在監者（受刑者のほか，未決拘禁にある刑事被告人，被疑者，死刑囚，労役場留置者を含む）などは，国家機関との間で一般国民とは異なった特殊な法律関係にある。近年の学説・判例は，特殊な法律関係を認めつつも，その立場の特殊性に応じて，人権制約は合理的理由に基づいた必要最小限度に限られるとしている（特別の公法関係の理論）。例えば，公務員がその職務上の必要にもとづく合理的理由により，その居住する区域を制限されていても違憲ではないとされている。また，在監者に対しても，それぞれの立場に応じて，合理的理由に基づいた最小限度の人権制約が認められる。例えば，刑務所の保安維持と一

般社会の不安の防止などの要請から，受刑者に対して外部者との交通（信書の交換，面接）を制限することは，違憲ではないとされている。

(3) 法　人

人権保障は，自然人を対象としたものであり，法人を対象とするものではないから，法人の享有能力が問題になる。法人とは，国が法制度上で設定した「人格者」（権利・義務の主体となりうる資格を有する存在）のことである。そのため，明らかに自然人のみを対象とした権利（選挙権，奴隷的拘束及び苦役からの自由など）は享有できず，保障される人権の範囲や程度は，その法人の目的や性格に応じて，個別的に決定されることとなる。

3　個人の尊厳と公共の福祉

憲法13条では，すべての国民が個人として尊重されると定め，各種の人権が公共の福祉に反しない限り，国政の上で最大の尊重を必要とすると定めている。ここでは，個人主義が民主政治の基本原則であることを宣言し，また同様に人権に対する限界を宣言することにより，近代国家としてのあり方，いわゆる「数の政治と理の政治」の調和を目指すことを宣言している。

したがって，憲法13条は，単に私益の集合利益（当面の多数者の利益）が個人の利益を優越することを明記したのではなく，また個人の人権が絶対無制約のものであると明示したものではなく，常に「公共の福祉」に基づいて調和を図ることを示している。それ故，ただ単に「公共の福祉」を多数者と解し，「公共」という名目だけで人権を侵害することは許されない。むしろ，「公共の福祉」は人権保障をいよいよ豊かにしていく原理として考えるべきである。ただし，このように解するとしても「公共の福祉」は，なお，多義的な内容を含み抽象的な概念であることは免れない。また，13条の他に22条と29条にも「公共の福祉」の文言がみられる。そこで，近年，「公共の福祉」の内容については，次の3点からの理解が提唱されている。

(1) 国家の法益の保護

　国家機関が正常に機能し，憲法秩序が保持されることは，社会の秩序維持と民主政治の健全な運営の前提となるものである。そして，社会の秩序維持と民主政治の健全な運営は，個人の人権保障の大前提となるものである。社会の秩序を維持することは国家機関なくして考えられず，国家機関の正しい権力行使は，憲法秩序の保持，健全なる民主政治の運用は考えられない。そして，秩序の維持と健全なる民主政治の運用なくして人権保障の基礎となるものである。この意味から，国家機関の正当な統治機能の確保（国家の法益の保護）は，「公共の福祉」の内容を構成するものであるといえる。

(2) 社会の法益の保護

　先にも述べたように，各個人の人権保障は，社会の秩序維持や憲法上の諸原理の実現なしには考えられない。社会共同生活の利益が保持されていることは，社会構成員の共通の利益である。ここには，例えば，交通秩序の維持，公害防止のための規制，社会生活上の公共道徳の確保，経済活動の秩序，文化の振興，経済の発展，福祉政策の実現などが挙げられる。

(3) 個人の法益の保護

　個人の存在は他者の存在を前提としていることから，個人の人権の行使は，他者の人権行使との相互関係で制約をうける。つまり，この場合は，各個人の権利や自由の間の衝突や対立を調整する原理として機能する。例えば，他人の名誉を毀損する言論が制限されるということがこれである。

4　法の下の平等

　個人の尊厳を基本原理とする近代国家は，平等主義もその前提とする。憲法14条では，「法の下に平等であつて，人種，信条，性別，社会的身分又は門地により，政治的，経済的又は社会的関係において，差別されない」と規定している。ただ，ここに列挙された事項は，不平等に扱ってはならないものを例示したものにすぎず，これら以外の事項による差別も許されない（例示説）。

　また，憲法の定める平等は，いかなる差別も認めないとする絶対的平等を求

めるものではなく，相対的平等である。各人の年齢，性別，財産などによる差異を前提にすれば，各人を全く平等に扱うことはできない。それでも各人を機械的・画一的に均等に取り扱うことは，むしろ不合理な結果を生ずることになる。つまり，平等を実現するためには，各人の差異に着目し，その差異に応じた法的取扱いをすることが求められることもあるのである。

このように，憲法にいう平等は，各人を均等に扱うことを原則としながらも，必要な場合には，各人を不平等に扱うこと（差別的に扱うこと）を要求している。この憲法上許される差別のことを「合理的差別」という。つまり，差別の問題は，差別があるか否かではなく，その差別が「合理的差別」といえるか否かが焦点となる。この点については，第1に立法目的が合理的なものでなければならないこと，第2にその目的を達成する手段が合理的なものでなければならないこと，という基準（合理性の基準）によって判断される。

最高裁は，相対的平等説に立ち，憲法14条1項の列挙については例示説，違憲審査基準については合理性の基準説を採用している。

(1) 旧刑法200条の尊属殺重罰規定の合憲性

旧刑法では，普通殺と尊属殺に差別を設けて，尊属を殺した場合の法定刑を死刑か無期懲役としていた（旧刑法200条）。最高裁は，立法目的について「尊属に対する尊重報恩は，社会生活上の基本的道義というべく，このような自然的情愛ないし普遍的倫理の維持は，刑法上の保護に値するものといわなければならない」とし，「尊属の殺害は通常の殺人に比して一般に高度の社会的道義的非難を受けて然るべきであるとして，このことをその処罰に反映させても，あながち不合理であるとはいえない」とした。しかし，「尊属殺の法定刑は，それが死刑または無期懲役刑に限られている」点において著しく厳しいものであることから，合理的根拠に基づく差別的取扱いとして正当化することはできないとして違憲判決を下した（最大判昭48・4・4）。

(2) 強姦罪の合憲性

刑法177条が女子に対する強姦のみを処罰することについて憲法14条に違反するかが争われた事件で，最高裁は，「男女両性の体質，構造，機能などの生

理的，肉体的等の事実的差異に基き且つ実際上強姦が男性により行われることを普通とする事態に鑑み，社会的，道徳的見地から被害者たる『婦女』を特に保護せんがためであつて…（略）…かかる事実的差異に基く婦女のみの不均等な保護が一般社会的，道徳的観念上合理的なものであることも多言を要しない」として合憲とした（最大判昭28・6・24）。

(3) **再婚の男女差別の合憲性**

離婚した男子はただちに再婚できるが，女子については，民法733条において前婚解消後6か月の再婚禁止期間が設けられている。この規定が憲法14条および24条に違反し，これを改廃しない国会および国会議員の行為が違法な公権力の行使に該当するとして，損害賠償が請求された事件について，最高裁は，「民法733条の元来の立法趣旨が，父性の推定の重複を回避し，父子関係をめぐる紛争の発生を未然に防ぐことにある」とし，「憲法の一義的な文言に違反しているにもかかわらず国会があえて当該立法を行うというように，容易に想定し難いような例外的な場合でない限り，国家賠償法1条1項の適用上，違法の評価を受けるものでない」とし，合憲判決を下した（最判平成7・12・5）。

(4) **非嫡出子の法定相続分差別の合憲性**

民法900条4号但書が非嫡出子の相続分を嫡出子の2分の1としていることの合憲性が争われた事件で，最高裁は，「法律婚の尊重と非嫡出子の保護の調整を図ったもの」であるとし，合憲判決を下した（最大判平成7・7・5）。

(5) **旧国籍法3条の合憲性**

結婚していないフィリピン国籍の母と日本国籍を有する父との間に出生した子が認知をされたものの未婚であることから，旧国籍法では日本国籍の取得を認められなかった。そこで，父母の婚姻を国籍取得の要件とする旧国籍法3条1項の規定が憲法14条に違反するとして提訴した事件で，最高裁は，「基本的な原則である血統主義を基調としつつ，日本国民との法律上の親子関係の存在に加え我が国との密接な結び付きの指標となる一定の要件を設けて，これらを満たす場合に限り出生後における日本国籍の取得を認めることとした」との立法目的に合理性があるとしたが，社会的環境の変化が生じた今日においては，

「日本国民である父から出生後に認知されたにとどまる非嫡出子に対して，日本国籍の取得において著しい不利益な差別的取り扱いを生じさせている」として違憲判決を下した（最大判平成20・6・4）。

第2節 自　由　権

　自由権とは，各人がその自由な活動を国家権力によって拘束されない権利の総称である。自由権の性質は，国家権力に対する不作為請求権であり，基本的人権の中でも19世紀の人権と言われている。自由権は，その保障内容によって，精神的自由権，身体的自由権，経済的自由権に分類される。

1　精神的自由権

(1)　思想・良心の自由（憲法19条）

　「思想・良心」とは，精神的自由権の中核的存在であり，人の行動の原動力となる内心の作用または状態をいう。これを外部に発表する場合は，「表現の自由」（憲法21条）となり，学問上の体系をもつ場合には，「学問の自由」（憲法23条）となり，宗教上の信仰の問題については「信教の自由」（憲法20条）に含まれる。この思想・良心の自由は，①特定の思想の調査・強制・改変の禁止，②特定の思想を理由とした不利益的取扱いの禁止，③思想告白の強制の禁止（沈黙の自由）を保障している。

　判例は，名誉毀損に対する民事上の救済として謝罪広告の掲載を命ずること（最大判昭和31・7・4），中学校の内申書に生徒の政治活動の事実を記載すること（最判昭和63・7・15），入学式の際に公立小学校の音楽教諭に国歌のピアノ伴奏を行うように職務命令を発すること（最判平成19・2・27），入学式・卒業式の国歌斉唱の際に教職員に対して起立斉唱を行うよう職務命令を発すること（最判平成23・5・30，最判平成23・6・6など）は，憲法19条に違反しないとした。

(2) 信教の自由（憲法20条）

① 信教の自由

信教の自由は，信仰の自由（宗教を信仰する自由もしくは信仰しない自由，信仰告白をする自由もしくは信仰告白をしない自由），宗教的行為の自由（宗教的活動をする自由あるいは宗教的活動への参加を強制されない自由），宗教的結社の自由を含む。

これらの権利の限界について，最高裁は，加持祈祷傷害致死事件において「他人の生命，身体等に危害を及ぼす違法な有形力の行使に当る」場合には，宗教行為として行われたものであったとしても，信教の自由の限界を逸脱するものとした（最大判昭和38・5・15）。また，オウム真理教解散命令事件においては，「法令に違反して，著しく公共の福祉を害すると明らかに認められる行為をしたこと」（宗教法人法81条1項）を要件として解散命令を出すことは，「必要でやむを得ない法的規制である」と判示した（裁決平成8・1・30）。

② 政教分離の原則

憲法は，20条と89条において，国家権力（政治権力）と宗教の結びつきを禁止する政教分離の原則を採用している。憲法は宗教団体に対して国家機関が特恵的扱いをすることを禁止し（憲法20条1項後段），国家機関が宗教的活動をなすことを禁止している（憲法20条3項）。そして，憲法89条では，財政支出の適正を図る側面から政教分離を確認している。政教分離の原則は，あらかじめ政治権力と宗教との結びつきを排除し，個人の信教の自由の保障を確実なものとするための制度的保障である。

ただし，留意する点は，政教分離の原則は，信教の自由の保障のための必要条件ではないという点である。世界には，国教制度，公認宗教制度を採用している国もあり，これらの国においては信教の自由と共存関係にある。したがって，日本国憲法においては，信教の自由を保障するための1つの手段として政教分離の原則が採用されていると捉えるべきである。

ところで，制度は，その国の文化的諸条件を前提にして成立しているものである。そのため，政教分離原則は，わが国の社会的，文化的諸条件を前提にし

て捉える必要がある。このように考えると，わが国においては，政教分離の原則を厳格に解し，国家権力と宗教の関わりを一切否定，排除することは困難であり，むしろ不合理な事態を生じさせることになる。

そこで，日本国憲法下においては，国家権力と宗教の分離の程度を限定的に捉え，国家権力と宗教との関わり合いがどの程度まで許されるのかが問題とされる。最高裁は，その判断基準について目的効果基準を採用しており，政教分離違反になるか否かは，その国家行為の「目的が宗教的意義を持ち，その効果が宗教に対する援助，助長，促進又は圧迫，干渉等になるような行為」であるか否かで判断している。ただし，目的効果基準については，「津市地鎮祭訴訟」（最大判昭和52・7・13）では合憲判決，「愛媛玉串料訴訟」（最大判平成9・4・2）では違憲判決がでるなど，同様な事例で同じ基準を用いても，その適用の仕方で結論が異なるという問題が指摘されている。なお，「砂川市市有地内神社撤去事件」（最大判平成22・1・20）では，目的効果基準に言及することなく，当該施設の性格を考慮し，社会通念に照らして総合的に判断するという枠組みを採用し，違憲判決を下した。

(3) **表現の自由**（憲法21条）

表現の自由は，自己の人格形成の基礎であることはもちろんのこと，民主政治の健全な運営に必要不可欠の権利である。その保障内容は，①集会・結社の自由，②言論・出版の自由，③通信の秘密が含まれる。集会とは，多数人が一定の目的をもって一時的に集まることを指し，結社とは，共通の目的をもって継続的な集団を形成して活動する自由をいう。言論・出版・その他一切の表現の自由とは，演説，印刷刊行のほか，絵画，音楽，映画，演劇などの手段による表現行為を含む。そして，憲法21条2項では，表現の自由を保障するために検閲を禁止する。検閲とは，表現内容等の表現物を事前（発表前）に，行政権が審査した上で不適当と認めるものについて，発表を禁止することをいう。

なお，表現の自由は，他の権利と衝突する可能性を多く含み，プライバシーとの関係，名誉毀損による表現行為の規制，ポルノ規制，国家機密との関係など多くの問題点がある。また，表現の自由には報道の自由も含まれ，近年の人

権論の立場からは，知る権利，アクセス権などの新しい権利が主張されている。

(4) 学問の自由（憲法23条）

学問の自由は，学問研究の自由，研究成果発表の自由，教授の自由を保障している。思想・良心の自由や表現の自由のほかに，特に「学問の自由」を保障する意義について，次の3点を挙げることができる。

第一に，学問研究は研究者の人格を発展させるという個人の人権としての価値を持つと同時に社会の発展に貢献し，広く人類の文化に貢献するという社会的価値を持つこと。

第二に，学問の発展には専門的研究者の自主性の尊重が不可欠であり，国家権力の圧力の下では学問の正常な発展が期待できないこと。

第三に，真理の追究は既存の価値体系に対する懐疑を前提とし，既存の体制への批判を生むとの特質を有することから，既存秩序の権力者にとって危険なものと受け取られることが多いこと。

このように，学問の自由は，学問という性質上，権力者の不介入を強く要求するものであり，特別な配慮と慎重な取扱いが求められる。

ただ，学問の自由といえども無制約ではない。例えば，学問という名の下に教壇の上から特定の政治宣伝を行ったりすることは許されず，研究といえどもクローン技術をはじめとした先端技術については，規制が容認される余地がある。また，研究の自由や研究成果発表の自由は広く一般国民に認められる性質のものであるが，教授の自由は，学問の成果を学生に授けるものであり，高等教育機関である大学の研究者に認められるものである（最大判昭和38・5・22）。しかし，初等中等教育機関の教員にも一定の範囲で「教授の自由」が認められるとする内容の判決もある（最大判昭和51・5・21）。

2 身体的自由権

(1) 適正手続主義（憲法31条）

適正手続主義は，刑罰を科すにあたって，手続が適正であることを要求し，刑事手続が法律によって定められることを要求する。また，憲法31条は，罪刑

法定主義を定めるものである。つまり，憲法31条は，手続だけではなく，実体（刑罰）を定める法律についても適用される。刑罰を科すためには，①何が罪となり，どんな刑罰を科されるのかについて，予め法律で定められていなければならないこと，②その法律の内容が適正なものであることが要求される。

罪刑法定主義は，事後立法による遡及処罰の禁止（憲法39条），刑罰法律主義，刑罰法規の類推解釈の禁止，犯罪構成要件が明確に定められていること，罪と刑罰の均衡が保たれていること（比例の原則）を内容とするものである。

なお，この適正手続の保障は，刑罰・刑事手続のみでなく，行政権の行使や行政手続にも及ぶと解される。

(2) **不当に逮捕，抑留，拘禁されない権利**（憲法33条34条）

逮捕とは，実力によって身体の自由を拘束する処分をいう。その要件としては，司法官憲（裁判官）の発する令状を必要とする。その令状には，逮捕の理由である犯罪事実の内容が明示されていなければならない。これは，逮捕における令状主義を定めた規定であり，その目的は，捜査機関による権力濫用を防止するところにある。この令状主義の例外は現行犯の場合である（刑事訴訟法212条1項）。また，刑事訴訟法210条では，重罪の場合には現行犯でもなく令状が無い場合でも被疑者を逮捕することができると定める（緊急逮捕）。この緊急逮捕について，最高裁は，合憲であるとしている（最大判昭30・12・14）。

抑留とは，一時的に身体の自由を拘束することをいい，拘禁とは継続的な身体の自由の拘束をいう。この要件としては，①正当な理由があること，②本人に理由をただちに告げること，③ただちに弁護人に依頼する権利を与えること，が挙げられる。

(3) **住居・所持品等の不可侵**（憲法35条）

住居の侵入，捜索，物品の押収を行う場合は，一定の令状によることを必要とする（令状主義）。令状の要件は，①司法官憲（裁判官）によって発せられること，②捜索および押収について各別に発せられること，③侵入，捜索，押収を必要とする正当な理由に基づいて発せられること，④捜索する場所，物品が明示されていることである。

145

なお，33条（令状による逮捕と現行犯逮捕）の場合は，捜索ないし押収の令状を必要としない。

(4) **拷問・残虐な刑罰の禁止**（憲法36条）

拷問とは，被疑者・被告人に対して肉体的苦痛を与えて自白させることであり，残虐な刑罰とは，非人間的，非人道的な刑罰のことをいう。拷問に耐えられなくなった被疑者は，苦痛から解放されるために虚偽の自白をする可能性があり，それは冤罪を生み出す温床となる。そのため，憲法は，拷問と残虐な刑罰を絶対に禁止している。ここで問題となるのは，現行の死刑制度である。最高裁は，死刑はその執行方法によっては残虐な刑罰に該当するが，現行の死刑（絞首刑）はそれに当たらないとしている（最大判昭和23・3・12）。

(5) **刑事裁判における被告人の権利**（憲法37条38条）

被告人は，「公平な裁判所の迅速な公開裁判を受ける権利」を有する。「公平な裁判所」とは，その組織と構成において不公平な裁判のおそれのない裁判所のことをいう（最大判昭和23・5・26）。「迅速な裁判」とは不当に遅延しない裁判をいう。

被告人は，自己のために証人を求め，また弁護人を依頼することができる。被告人が自分で弁護人を依頼することができないときは，国がこれを附する（国選弁護人）。また，被告人は，自己に不利益な供述を強要されず，強制，拷問，脅迫による自白は証拠とすることができない。

憲法38条は被告人・被疑者の黙秘権を保障したものであるが，ここでいう「自己に不利益な供述」とは，自己の刑事責任に関する不利益な事実の供述のことをいう。また，ここでいう「自白」とは，犯罪事実の全部または一部の供述をいう。最高裁は，捜査官の偽計によって心理強制を受けた供述については，証拠能力を否定している（最大判昭和45・11・25）。さらに，自己に不利益な唯一の証拠が本人の自白である場合には，有罪とされることはない。

(6) **事後法の禁止，一事不再理，二重処罰の禁止**（憲法39条）

憲法39条前段前半では，「実行の時に適法であった行為については，刑事上の責任を問われない」とし，事後法禁止の原則（刑罰不遡及の原則，法律不遡及

の原則）を定めている。また，同条前段後半では，「すでに無罪とされた行為については，刑事上の責任を問われない」とし，一事不再理の原則を定める。これは，無罪とされた行為については，それを覆して処罰してはならないということである。

憲法39条後段は，「同一の犯罪について，重ねて刑事上の責任を問われない」とし，二重処罰の禁止を定めたものである。二重処罰の禁止とは，すでに刑罰を科された行為について，これに加えて新たに別の判断を下すことを禁止することである。

3 経済的自由権

(1) 職業選択の自由（憲法22条）

職業選択の自由は，いかなる職業に就くことも自由であり，その職業を遂行していくことも自由であるという意味において，「営業の自由」も含む。これらの自由については，後述の29条と同様に「公共の福祉」による制約が明記されている。これは，資本主義経済の高度化による弊害（社会的経済的弱者の出現，貧富の差の拡大，労使関係の対立）を是正し，社会的正義の実現をはかるために，国家権力に対して社会領域に積極的に介入することが求められるようになったことを意味する（積極国家・福祉国家）。したがって，経済的自由権は，他の自由権に比べ，社会政策，経済政策の目的から積極的に公共の福祉による制限を受けざるを得ない。そこで，今日では，職業選択の自由に対しては，次のような制約がある。

① 社会公共の安全と秩序維持のための規制（消極的・警察的規制）
　(ア) 公衆衛生の維持　公衆浴場営業の許可制，食品販売業に対する検査など
　(イ) 善良な風俗の維持　風俗営業に対する許可制，売春の禁止など
　(ウ) 資格制限　医師，弁護士，司法書士，税理士，理容師，薬剤師など
② 社会経済発展のための規制（積極的・社会政策的規制）
　(ア) 事業の公共性の確保
　　　電力，ガス，交通などの公共的な事業を特許企業とし，規制に服させる

こと
(イ) 社会経済政策

　　中小の小売店の保護，育成のために大規模小売店の営業規制

　　私的独占の禁止・不当な取引の制限・不公正な取引方法の禁止など

(2) 財産権の不可侵（憲法29条）

　憲法29条は，個人の財産権を保障するとともに，私有財産制度それ自体を保障したものである。先にも述べたように，資本主義の発展は，経済的弱者を生じせしめ，貧富の差の拡大を招いた。そのため，20世紀においては，財産権の無条件の保障が社会全体の調和的発展をもたらすものではないということが明らかとなり，財産権の社会化の要請が生じた。1919年のワイマール憲法153条では，「財産権は義務を伴う」との規定が生まれ，その行使は公共の福祉に役立てなければならないと規定するに至った。日本国憲法も，一方で私有財産制度を保障しつつ，他方で福祉国家の理念からこれを修正しようとしている。

　このように，財産権の内容は，社会全体との調和という意味で公共の福祉のために法律によって制限を加えることができる。具体例としては，農地法，経済統制法，文化財保護法，美観条例による建築制限，排気ガス規制，土地収用法による土地収用などを挙げることができる。

　ところで，社会の調和的発展を実現するために，私有財産を制限，使用，収用できるが，その場合には「正当な補償」が与えられなければならない。この「正当な補償」の意味について最高裁は，「正当な補償とは，その当時の経済状態において成立することを考えられる価格に基き，合理的に算出された相当な額をいうのであつて，必しも常にかかる価格と完全に一致することを要するものでない」（最大判昭和28・12・23）としたが，その後の事件においては「完全な補償，すなわち，収用の前後を通じて被収用者の財産価値を等しくならしめるような補償をなすべき」（最大判昭和48・10・18）であるとしている。

第3節 社会権

　社会権とは，国家権力の積極的な施策によって国民の生存に不可欠な諸条件の保障を要求する権利（作為請求権）の総称であり，その点で国家権力の不作為を要求する自由権とは根本的に異なる。また，作為請求権という意味では受益権（国務請求権）に似た性格をもつが，権利主体に着目すれば，他の憲法上の諸権利が抽象的な国民一般を対象としているのに対し，社会権は，現実の社会における関係を前提として，特に社会的経済的弱者に対して保障されたものである。そして，社会権は，国家機関の存在を前提としていることから，自由権が前国家的権利といわれるのに対して，後国家的権利といわれる。

(1) **生存権**（憲法25条）

　憲法25条1項は，社会権規定（26条〜28条）の総則的規定であるとともに，固有の権利としては，労働能力や財産を持たない国民が，その最低限度の生活維持のために生活保護の請求権を有することを定めたものである。ただ，資本主義社会が前提とされている限り，社会権規定の理念が完全な形で実現されることは困難である。したがって，日本国憲法は，実質的な自由や平等を実現するためにできる限りの努力を傾ける責務を国家に課したものと考えることができる。例えば，社会福祉，社会保障，公衆衛生などの整備拡充がこれである。具体的な法律としては，児童福祉法，身体障害者福祉法，生活保護法，国民健康保険法，国民年金法，予防接種法，食品衛生法などを挙げることができる。

　ところで，生存権の法的性質については，この規定は個々の国民に対して具体的な権利を保障するものではないと解するのが通説，判例である（抽象的権利説）。これは，①生存権規定は福祉国家の理念を実現するために国家の責務に対する規範を示したものであること，②社会生活上の諸事情を総合的に考慮し，専門技術的な政策判断を必要とすること，③生存権の保障の程度は，国家の財政能力に基づいて，特に立法部が判断すべきものであることなどを理由と

する。この点については，三権分立制の趣旨や民主制の責任原理からみれば，抽象的権利説が妥当であると解される。

(2) **教育を受ける権利**

一定水準の教育を受けることは，将来において仕事に就くための基礎となる知識や技能を得ること，最低限度の生活を維持していくこと，自己実現の基礎であること，参政権の基礎などの様々な意義がある。

そこで憲法は，法律の制定を通じ，合理的な教育制度の構築，施設の設置，教職員の配置，一定水準の教育内容の確保をする責務を国家に課しているものである。また，国家は，学校設置に止まらず，生涯学習に対応した施設を設置し，教育の機会を提供する責務を負う。教育における機会均等は，単なる平等原則ではなく，特に経済的理由によって教育を受けられない国民に対し，国家が積極的に配慮しなければならないことにとどまらず，地域的事情による格差是正に対する積極的配慮を義務づけているものと解される。

さらに，生存権と同様に教育を受ける権利は，抽象的権利を有するに止まると考えるべきであり，特定の個人が，具体的に必要な費用を請求することができるという具体的な権利までは認められない。

ところで，学校教育の教育内容の決定権（教育権）については，最高裁によれば，教員にも一定の範囲においては認められるが，国家も国政の一部として教育内容を決定する権能を有するとされている（最大判昭和51・5・21）。また，高等学校において教員が教科書を使用する義務があるか否かの点について，最高裁は，学習指導要領の法規範性を認め，高等学校の教員に教科書使用を義務づけることは合憲であるとしている（最判平成2・1・18）。

(3) **勤労の権利（憲法27条）**

勤労の権利は，働く意思と能力があるにもかかわらず就労の機会に恵まれない国民に対して，国家機関に一定の配慮をすべき責務を課すものである。現在は，男女雇用機会均等法，雇用保険法，障害者雇用促進法など多数の法律がある。法的性格については，生存権と同様に，無職の状態にある者が，本条を直接の根拠として国家機関に就労の機会を与えるように請求できるわけではない。

また，本条の趣旨は，国家機関が最低限度の基準を設定することによって，労使間の契約の自由の前提を確立しようとするものである。そもそも契約の自由は，当事者間の対等関係が前提となる。しかし，労使関係については，もともと対等関係とはいえないことから，憲法は国家権力が一部介入することにより，不平等な関係を修正し，本来の契約の自由を確立することを目指している。現在，この規定を具体化するものとしては，労働基準法を挙げることができる。同法は，勤労条件が生存権の理念に立脚して設定しなければならないことを謳い，労働者の均等待遇，男女同一賃金の原則，強制労働の禁止，賃金，休憩，休日，年次有給休暇，安全，衛生，女子，年少者に関する労働条件や基準を定める。また，労働条件の監視については，労働基準監督局および労働基準監督署が担っている。

(4) 勤労者の団結権，団体交渉権，団体行動権（憲法28条）

　憲法28条は，労働者に労働基本権を保障することによって，労使関係の実質的な対等関係を確保しようとするものである。個々の労働者は，使用者との関係では常に不利な立場におかれるが，労働者が団結し，団体で行動することによって，労働条件の交渉の際に，使用者と対等の立場で向かい合うことができる（契約自由の原則の実質的保障）。このような考え方に基づいて，28条では，労働者の団結権，団体交渉権，団体行動権（争議権）を保障することによって労使関係の立場の調整を図っている。

　団結権は，労働条件の維持・改善をするために労働者が団体を組織したり，それに加入する権利である。団体交渉権は，労働者の団体がその代表者を通じて使用者と労働条件について交渉する権利である。労使間で締結された労働協約は，規範としての効力を有し，それに反する労働契約の部分は無効となる。団体行動権（争議権）は，団体交渉を行う団体が，労使間の実質的対等性を確保するための裏付けとして団体で行動しうる権利であり，広く捉えれば，同盟罷業（ストライキ），怠業（サボタージュ），ピケッティングといった争議権がこれである。これらは，以下の法的性格を有する。

　第一に，国家機関に対する作為請求権という性格を有する。労働基本権の保

障のためには，使用者による侵害行為から労働者を救済することが求められる。

第二に，国家権力からの自由という性格を有する。これは，労働者の正当な争議行為に対する刑事免責を定めた労働組合法の規定にあらわれている。

第三に，使用者に対する民事上の権利という性格を有する。使用者が労働基本権を侵害する契約は無効であり，事実行為による侵害は違法となる。労働組合法における不当労働行為制度や正当な争議行為に対する民事免責は，この趣旨を確認したものである。ただし，この場合は，使用者の経済的自由権との調整が問題となるため，刑事免責よりも広い制約が認められる。

なお，公務員も勤労者であるが，公務員は「全体の奉仕者」(憲法15条)であることから，国民生活に与える影響の程度によって，労働三権の一部または全部が認められていない。現在，警察，海上保安庁，刑事施設，自衛隊，消防の職員は三権の全てが否定され，非現業の一般の国家公務員および地方公務員は団体交渉権と争議権が否定され，現業公務員は争議権が否定されている。

第4節　国務請求権（受益権）

国務請求権（受益権）とは，国民が国家に対して一定の行為を要求することができる権利であり，自由権を支える権利として認識されてきたものである。

(1) 請願権（憲法16条）

請願権は，損害の救済，公務員の罷免，法律・命令などの制定・改正・廃止，その他の事項について平穏に請願する権利である。この権利は，近代的な議会制度が成立していないところで，民意を為政者に伝える手段として用いられたことに由来する。司法制度や議会制度が成立した近代国家においては請願制度の実益は減少したが，近代憲法はそうした過去の伝統を1つの権利として保障しているのである。

請願権は，単に希望の表示に止まるものであり，それが権利としての性質を有するのも，国家機関に受理する義務が生ずるにすぎず，請願した事項につい

て受理した機関が審理したり，何らかの判定を下すことを求める法的拘束力はない。この意味で，訴訟や不服審査請求とはその性格を異にしている。請願権は手続上の権利であり，請願法には，官公署が請願を受理し誠実に処理しなければならないとの規定がある。

(2) **国家賠償請求権（憲法17条）**

国家賠償請求権は，公務員の不法行為により損害を受けたときは，法律の定めるところにより，国または公共団体にその賠償を求めることができる権利である。これを具体化する法律としては，国家賠償法を挙げることができる。そこでは，公権力の行使にあたる公務員がその職務を行うについて生じた損害であること，故意または過失によって違法に他人に損害を加えたことが賠償責任の要件とされている。また，外国人に対しては，相互保証のある国に属する者に限定して国家賠償請求権を認めている（国賠法6条）。

(3) **裁判を受ける権利（憲法32条）**

裁判を受ける権利は，各人の権利や利益を守るために正規の権限を有する公正な裁判所の裁判を請求する権利のことである。民事事件・行政事件においては，誰もが裁判所に訴えを起こす権利を有することを意味し，刑事事件においては，国家が裁判所の裁判によらなければ国民に対して刑罰を科し得ないことを意味する。

また，裁判所は適法な手続で提訴された事件については，これを拒絶することは許されない（「裁判拒絶の禁止」の原則）。

(4) **刑事補償請求権（憲法40条）**

刑事補償請求権は，抑留または拘禁された後，無罪の裁判を受けたときに国家にその補償を請求する権利である。つまり，これは，逮捕・抑留・拘禁・起訴・裁判が適法に行われている場合であったとしても，裁判の結果，無罪となった者は，国に補償を求めることができるとの趣旨である。

この権利は，本来，必要でなかった人権制限を受けた者に対して，相応の補償を行うことによって正義と公平の実現を図ろうとするものである。なお，この権利を具体化する法律としては，刑事補償法がある。

第5節 参 政 権

　参政権とは,国の政治に直接または間接的に参加し,主権者である国民と国家機関が一体となって政治を行うために必要な作用をする能動的な権利である。参政権は,主として選挙権としてあらわれ,国会議員,知事,市町村長,地方議会議員などの選挙,その他,最高裁判所裁判官の任命についての国民審査の投票,憲法改正を決める国民投票,地方特別法の住民投票がある。また,例えば国会議員が国会の権限を行使したり,一般公務員が行政作用を行ったり,裁判官が裁判所において審理することは,特別の身分に基づく参政権とみることができることから,被選挙権,公務就任権もこれに含まれる。
　憲法15条1項は,公務員の選定・罷免権が国民主権の原理から直接導き出されるものであることを意味する。これは,①すべての公権力の権威が国民に由来すること,②すべての公務員の地位の根拠は国民の意思に依拠するものであること,③公務員は国民全体の奉仕者として国民に代わって国政を行う者に他ならないことを定めたものである。
　また,「国民固有の権利」というのは,公務員の地位の根拠が究極的に国民の意思に基づくことを意味し,個々の公務員の全てが国民によって直接選定され,罷免されなければならないということを意味しない。憲法によって任免に関する権限や手続が明記されている以外の公務員の選定・罷免は,全国民を代表する国会が,公務員の種類や性質に基づいて決定すべきことである。
　なお,外国人の地方参政権に関して最高裁は,傍論において,永住外国人に「法律をもって,地方公共団体の長,その議会の議員等に対する選挙権を付与する措置を講ずることは,憲法上禁止されているものではない」とした(最判平成7・2・28)。
　ただし,最高裁の傍論部分の見解に対しては,①公務員の選定・罷免権はその性質上日本国民のみを対象とすること,②憲法15条1項の「国民」と憲法93

条の「住民」は全体と部分の関係であり質的に同じ存在であること、③地方公共団体の自治権の正当性の根拠は憲法以前の固有のものではなく憲法上の制度的保障であること、などの批判がある。

第6節　国民の義務

　現代の憲法は、権利と自由の保障のほか、いくつかの国民の義務の規定をおくのが通例である。国民の義務は、憲法に明示されたものに限られるものではなく、重要だと考えられる義務のみが挙げられていると考えられる。しかし、留意点は、近代憲法の本質は、憲法の人権保障の規定によって国家権力を制約する点にあるから、義務規定自身は法的意味合いが希薄であるということである。義務規定は、国民に倫理的方向性を示し、あるいは法律の制定を待って具体化されるものである。

　なお、広義の意味での義務として憲法12条が挙げられることもあるが、ここから法的効果が生ずるものではないと解される。

(1)　**教育を受けさせる義務**

　近代国家における教育の重要性を鑑み、憲法は、保護者に対して子女に普通教育を受けさせる義務を負わせている（憲法26条2項）。義務教育については、教育基本法で定められ（教基法5条）、その範囲と具体的内容については学校教育法で定められている。

(2)　**勤労の義務**

　勤労の義務は、勤労能力をもつ者は自らの勤労によって生活を維持し、社会に奉仕する義務を負うことを明らかにしたものである（憲法27条）。この規定は、国民を強制的に勤労させる具体的な国家行為を認めるのではなく、一種の倫理的方向性を示し、国家の福祉政策の指針となるものである。そのため、生活保護法4条が、「保護は、生活に困窮する者が、その利用し得る資産、能力その他あらゆるものを、その最低限度の生活の維持のために活用することを要件と

して行われる」と規定するのは，勤労の義務の趣旨のあらわれともいえる。

(3) **納税の義務**

　納税行為そのものが国家財政を支え，国家の存立に不可欠である以上，憲法の明文の規定を待つまでもなく，国民が納税の義務を負うのは当たり前のことである。憲法30条では，「国民は，法律の定めるところにより，納税の義務を負う」とあり，その具体的内容は法律によって定められている。

　なお，本条の「法律の定めるところにより」との文言は租税法律主義を明示したという意味合いもあるが，この点は，憲法84条の規定によって明確にされている。

第7章

統治機関

　日本国憲法は，国家の権力を3つの機関に分割するところの三権分立を採用している。そして各機関の間の「抑制と均衡」を確保するため，国会は内閣に対し不信任決議権・裁判所に対し弾劾裁判権を，内閣は国会に対し衆議院の解散権・裁判所に対し最高裁判所長官の指名権及び最高裁判所裁判官の任命権を，そして裁判所は国会と内閣に対し違憲立法審査権を，それぞれ有している。

　統治機構に関する諸規定はいわば国家の「設計図」であるが，この設計図も無制限ではなく，あくまでも立憲主義の思想に則ったものでなくてはならない。憲法の規定によって各統治機関は権力を与えられるが，反面その範囲を越えてはならないため，憲法による授権そのものが同時に制限ともなっているのである。

　以下，本章では各統治機関の位置づけや役割について解説していく。

第1節　国　　会

1　国会の位置づけと活動

　日本国憲法41条は「国会は，国権の最高機関であつて，国の唯一の立法機関である。」と規定する。ここにおける「国会が唯一の立法機関」及び「国権の最高機関」とはどのような意味なのだろうか。

　まず，「立法機関」の意味である。立法機関とは法律を作る機関という意味であるが，ここでの「法律」とは，形式的に「法律」という名前のつけられた

法(形式的意味の法律)を指すのではなく,国民に義務を課し,その権利を制限する法(実質的意味の法律)を指す。

次に「唯一の」とされている点には,国会が立法権を独占するということと,国会が単独で立法を行うということの2つの要素が含まれる。日本国憲法の内閣の規定にも,司法権の規定にも,「唯一の」という文言は含まれていない。反面,国会については「唯一の」という規定を設け,立法権を国会の手に独占的に委ねている。しかしながら,ここには憲法上の例外(議院の規則制定権や内閣の政令制定権,最高裁判所の規則制定権,そして地方自治体の条例制定権)も存在する。

続いて,国会が単独で立法権を行使することができるという点についてみていきたい。明治憲法下では法律の制定に際し天皇の裁可が必要であったが,現憲法下では国会は他の機関の関与なくして,単独で法律を制定することができる。なお,この点についても憲法上の例外が存在する(地方特別法を制定する際の住民投票制度)。

では,立法権は具体的にはどのように行使されるのだろうか。国会は常に開かれているのではなく,国会が開かれている期間は会期と呼ばれる。会期には通常国会(常会),臨時国会(臨時会),特別国会(特別会)の三種類があり,それぞれ招集するための条件に違いが見られる。

通常国会は毎年一度必ず招集される。通常1月に招集され,会期は150日である。通常国会は1回に限り延長できるが,そのためには衆議院・参議院両院の一致した議決が必要とされる。臨時国会は内閣の決定やどちらかの議院の総議員の4分の1以上による要求があった場合,もしくは任期満了による衆議院議員選挙ないし参議院議員の通常選挙後に,その任期が始まる30日以内に招集される。臨時国会は2回まで延長できる。

そして特別国会は,衆議院が解散された後40日以内に行われる総選挙の日から30日以内に開かれることとされ,2回まで延長することができる。なお,これらの他にも参議院の緊急集会の制度があり,衆議院が解散され参議院が閉会となっている間に緊急の必要がある場合に,内閣の求めによって開かれる。そ

こで決められた内容は、次に国会が開会されてから10日以内に衆議院の同意を得ることができなければ、効果が失われる。

　国会の意思決定は多数決で行われる。憲法上の例外を除き、原則として出席議員の過半数の賛成で議決となる。議決の際に必要とされる出席議員の数についても憲法で規定されており、総議員の3分の1以上の出席がなくてはならない。「総議員」の意味については、法律で定める定員数を「総議員」の数とするのか、定員から現在生じている欠員を引いた数を「総議員」の数とするのか、という点で見解が分かれている。この点につき、両議院の先例では法律で定める定員の数が総議員数とされている。

　続いて、「国権の最高機関」の意味に目を転じたい。その意味を巡っては政治的美称説、統括機関説、そして総合調整機関説、という3つの見解が存在している。

　政治的美称説は、「最高」という言葉に法的な意味を認めない見解である。民主主義を採用する日本の統治機構の中で最も主権者たる国民に近いのが国会である。政治的美称説は「最高機関」の意味について、この民主主義的正統性の強さに敬意を表し、その重要性を表現したものであるとする。そこでは実体的な意味は認められず、国会が他の権力部門に対して優位するとは捉えられていない。

　次に統括機関説は政治的美称説とは違い、「最高機関」という語に法的な意味合いを認め、国会を三権の中で一段高い位置に置く。すなわち、国会は三権の中で「最高」の位置にある機関として、他の権力部門がバラバラになってしまわないようにするための「まとめ役」として機能するものと捉えるのである。

　これら両説のいわば中間に位置するのが総合調整機関説である。この見解は三権を並列で捉えるが、その中において国家の運営が円滑進むよう、三権の間の調整機能を果たすのが国会であると捉える。なお、この説は三権のどこに属するか分からない職務については国会に委ねられるべきであるとし、そこに「最高機関」の法的意味を見いだしている。

　国会には、立法権以外にも様々な権限が与えられている。まず行政に対し、

総理大臣の指名権や、予算や、財政処理についての議決権を持つ。そして司法部に対しては弾劾裁判所の設置権を持つ。これらに加え、条約の承認権や憲法改正の発議権を持っている。また、各議院にはそれぞれ国政調査権が与えられ、国政について広く調査をする権限が認められている。そこでは証人を呼び出すことや記録等の提示を求める権限も認められており、強力な権限とされている。

2　国会の組織構成

　国会は、衆議院と参議院から構成される。このように2つの議院に分かれていることを二院制（もしくは両院制）と呼ぶ。二院制の背景としては議会の暴走の防止や、下院に対するチェック機能の確保などが挙げられている。衆議院と参議院は任期や定数を始め、選挙制度や被選挙権を与えられる年齢にも違いがみられる。また、衆議院には解散の制度があるが、参議院は解散されることがない。これらの違いに加え、両者の違いの中で最も注目されるのがその力関係であり、衆議院が優越する仕組みとなっている（衆議院優越の原則）。

　衆議院の優越は様々な局面で見られるが、まず挙げられるのが、法律案や予算の議決における優越である。法律案の場合、衆議院が可決したものを参議院が否決もしくは60日以内に議決しなかった場合、衆議院が再度3分の2以上の多数で可決すると、法律となる。予算案については衆議院に先に提出されなくてはならず、そこで可決したものを参議院が否決した場合は両院協議会が開かれる。しかし、そこでも意見が一致しない場合や議決されずに30日を過ぎた場合、衆議院の議決が優先される。これらの他にも、衆議院は内閣総理大臣の指名権や条約の承認の任を与えられている。

3　国会議員の特権

　国会を構成する国会議員は、ここまで見てきた権能を担うにあたり、様々な特権を与えられている。すなわち、歳費、不逮捕特権、そして免責特権である。

　まず歳費とは給料のことであり、国会議員は法律の規定に基づき、国から「相当額」の給料を受け取るものとされている。次に不逮捕特権とは、国会議

員は会期中，所属している議院の同意なくして逮捕されないという特権である。逮捕されたのが会期前であった場合であっても，議院の要求がある場合には会期中は釈放される。なお，国会法では現行犯の場合は除くとされている。最後に免責特権とは，国会議員が議院内で行った演説や討論，そして評決について，議院の外で責任を問われないというものである。すなわち，議院内での発言や討論の内容に関して，民事上の賠償責任や刑事上の責任を負わなくてよいのである。なお，政党や議院による議院内部での問責は認められており，また選挙によって国民の審判に服することもあり，完全にあらゆる責任から逃れるものではない。

第2節　内　　閣

1　内閣の位置づけと議院内閣制

　日本国憲法65条は「行政権は，内閣に属する。」と規定する。内閣は三権のうちの行政権を司る，総理大臣と国務大臣によって構成される合議制の機関であるが，ここで内閣に委ねられている「行政権」の定義が問題となる。従来，行政権とは「国家の作用から立法と司法の作用を除いたもの」と定義されてきた（消極説）。これは行政権の歴史的な沿革に適い，かつその広大な領域を漏れなくカバーするものである。近年ではより積極的な定義も試みられているが不十分さが指摘され，通説的な位置を占めるには至っていない。

　日本においては議院内閣制が採られており，1つの特色となっている。議院内閣制とは行政権を担うところの内閣が，議会の下院（日本では衆議院）に連帯して責任を負い，下院の信任において存続するシステムである。より具体的には，内閣は行政権の行使について国会に対し連帯して責任を負うことを始め，総理大臣は国会が国会議員の中から選ぶこと，国務大臣の過半数も国会議員から選ばれなくてはならないこと，そして，衆議院が内閣への不信任決議権を有すること，がある。

なお、総理大臣は不信任決議案を可決された場合、衆議院を解散することができる。このように、議院内閣制は三権のうちの国会と内閣を連携させ、両者を密接な関係に置くことで行政府に民主的な統制を及ぼすという制度なのである。

2 内閣の組織構成と権能

内閣は総理大臣と国務大臣によって構成される。国務大臣は原則14人以内とされるが、最大17人まで増員することができる。通常、国務大臣は文部科学大臣や財務大臣といった形で分担管理を担うが、分担管理を担わない無任所の国務大臣を置くことも認められている。総理大臣も国務大臣も、共に文民でなくてはならない。文民条項の具体的な意味については諸説あるが、今日では現役自衛官である者は大臣に就任することができないと解されている。総理大臣は国会によって選ばれるが、国務大臣は内閣の首長たる総理大臣によって選ばれる。また、総理大臣には国務大臣を罷免する権限も与えられている。

総理大臣は内閣の首長とされ、大きな権限が与えられている。国務大臣の任免権に加え、行政各部への指揮監督や内閣を代表して国会に議案の提出を行うこと、そして国務・外交関係についての報告を行うことが憲法上規定されている。また、内閣総理大臣の同意なくして国務大臣は訴追されないとされ、解釈上は総理大臣も在任中は訴追されないと考えられている。

行政権の主体としては、内閣の他に行政各部と独立行政委員会が挙げられる。行政各部とは行政事務を担うところの省及び、その外局である庁や委員会を指す。そして、独立行政委員会とは、内閣に対し一定の独立性を持ち、準立法的権限及び準司法的権限を有する行政機関である。「委員会」とされていることにも表れているように、合議制がとられている。独立行政委員会が内閣からも独立して行政権を行使することの合憲性には議論があるが、人事や予算を通じて内閣や国会による一定のコントロールが確保されていることや、憲法は内閣について国会とは異なり「唯一の」行政権の主体とはしていないことなどから、合憲であると捉える見解が有力である。

行政権の範囲が膨大である以上，内閣の職務内容も広範なものとなる。すなわち，一般行政事務に加え，法律の誠実な執行，国務の総理，外交関係の処理，条約の締結，官吏に関する事務の掌握，予算の作成及び国会への提出，政令の制定，大赦・特赦・減刑・刑の執行の免除及び復権の決定，最高裁長官の指名，最高裁裁判官の任命，下級裁判所裁判官の任命，天皇の国事行為への助言と承認，という仕事が憲法上内閣に与えられている。

第3節　裁　判　所

1　意味と帰属

日本国憲法76条1項は「すべて司法権は，最高裁判所及び法律の定めるところにより設置する下級裁判所に属する。」と規定し，司法権を最高裁判所及び下級裁判所に付与している。司法権が裁判所に帰属する以上，他の国家機関が終審として裁判を行うことはできず，また特別裁判所の設置も認められていない。なお，ここで他の国家機関に禁止されているのはあくまでも終審としての裁判を行うことであり，終審でなければ裁判を行うこと自体は認められうるが，必ずその判断について司法裁判所の裁判を受ける途が開かれてなくてはならない。

憲法76条にいう「司法権」とは，「具体的な争訟について，法を適用し，宣言することによって，これを裁定する国家の作用」と定義される。明治憲法下では行政事件は行政府の手に委ねられていたが，現憲法下では民事・刑事の事件に加え，行政事件についての裁判権も司法裁判所に委ねられている。司法権の機能としては第一義的には個人の権利の保護が挙げられるが，同時に法の番人として，法の支配を実現することもその大きな役割である。

司法権の憲法上の限界として，国会の弾劾裁判権と国会議員の資格に関する争訟が挙げられる。そして国際法上の限界として，外交官などの外交使節の治外法権や，条約によって特に裁判権が及ばないとされている事柄が挙げられる。

加えて，憲法上明文で規定されていないが，解釈から導かれる限界も存在する。そこには国会の自律権や行政の自由裁量に含まれる事柄に加え，統治行為論や部分社会論がある。国会の自律権とは国会自身の内部事項などに関わる，国会自身が最終的な決定権を持つ領域である。行政の自由裁量行為とは行政自身の自由な判断に委ねられているとされる事柄であり，その範囲を逸脱しない限り，外部からの統制はできないと解される。どちらも司法権以外の権力部門の持つ独自の判断権の範囲に含まれているという点において共通している。

　立法府や行政部以外にも，公的・私的を問わず，様々な自主的な団体に対して一定の自治権が認められている。例えば，地方議会や政党，大学などである。それらの団体は一般社会とは異なる社会を形成しているとされ，その内部事項に関わる事柄についても，一定の範囲内でその自治権に含まれると捉えられる。そしてその領域は，司法権の及ぶ範囲の外に置かれる。このことを部分社会の法理と呼ぶ。

　解釈上の司法権の限界の問題の中でも，多くの議論がなされているのがいわゆる統治行為論である。統治行為論とは，通常であれば司法権の範囲に含まれる事柄であっても，その内容が高度に政治的である場合には裁判所の判断には馴染まないとして司法権の範囲外に置かれるというものである。ここで問題となるのが，本来であれば司法権の枠内に入る問題であるにも関わらず裁判所が判断を拒否してもよいのかどうか，そして許されるとすればいかなる理由で許されるのかという二点であり，学説上も見解が分かれている。

2　司法権の独立

　司法権には，その中立的な立場から公平な判断を下すという性格上，高度の独立性が求められる。その独立性は，司法権外からの司法権の独立と，司法権内外からの各裁判官の独立という2つの面から保障される。なお，裁判の公正を期すための方策としては，裁判の公開の制度も設けられている。そこでは公序良俗の観点から公開の停止もなされ得るとされるが，出版に関する犯罪や政治犯罪，憲法第3章で保障されている人権が問題となっている事件については，

必ず公開されなくてはならないとされる。

　では，再び司法権の独立に話を戻したい。まず，司法権外からの司法権自体の独立についてである。司法権自体が他の権力部門からの独立を保つための方策として，最高裁判所に規則制定権を与えたことや，最高裁判所が下級裁判所の裁判官の指名権を持つこと，そして，裁判所法によって定められている最高裁判所の司法行政監督権がある。

　個々の裁判官の独立の保障については，第一に，各裁判官は憲法と法律にのみ拘束されるものとされている。そのことに加え，職務の執行に際しては自らの良心に従い，独立して行うこととされる。このように，個々の裁判官にも強い独立性が保障されており，そこでは他の権力部門のみならず，他の裁判官や上級裁判所の裁判官をも含む，あらゆるものから独立しているのである。これらに加え，その身分も厚く守られている。まずその身分については心身の故障によって職務が継続できないとの決定を受けた場合及び公の弾劾による場合，そして最高裁判所裁判官については国民審査で罷免された場合，を除いて失われることはない。そして，その懲戒を行政機関が行うことはできない。その報酬についても，在職中は減額されないことが保障されている。

　反面，裁判所は非民主的な機関であることがしばしば指摘される。それに対する民主的な統制として，最高裁判所裁判官への国民審査の制度も設けられている。任命後初とそれ以降は10年ごとに衆議院議員の総選挙の際に行われ，罷免すべきとする裁判官の名前の欄に×印を記入する形で行われる。この投票において×印が過半数となった場合，その裁判官は罷免される。

3　組織および運営

　裁判所は，大きくは最高裁判所と下級裁判所に二分される。まず最高裁判所は，最高裁判所長官1名と裁判官14名で構成される。長官は内閣によって指名され天皇によって任命されるが，裁判官は内閣が任命し，天皇が認証する。定年は70歳で，任期制は採られていない。最高裁判所は裁判を行う権限及び違憲審査権に加え，規則制定権や下級裁判所の裁判官の指名権，そして司法行政へ

の監督権を有する。最高裁判所における裁判は15名全員からなる大法廷で行われる場合と3名以上からなる小法廷で行われる場合がある。過去の判例を変更する場合や違憲審査権の行使の際は大法廷で行わなくてはならないとされるが，それ以外の場合については最高裁判所自身の判断に任せられている。

下級裁判所には高等裁判所，地方裁判所，家庭裁判所，そして簡易裁判所がある。裁判官の身分については最高裁判所とは異なり任期制がとられ，その任期は下級裁判所の種別を問わず10年である。この任期は更新することができる。なお，定年は簡易裁判所が70歳，それ以外は65歳である。原則として高等裁判所は3名，地方裁判所は1名または3名，家庭裁判所は1名で，それぞれ審理を行う。なお，簡易裁判所における審理は1名で行われる。

2009年度より，参審制の一種であるところの裁判員制度が実施されている。司法権は従来その非民主的な性格が指摘されてきたが，裁判員制度は国民の司法への参加により，国民の考えを司法にも反映しようとするものである。裁判員制度は20歳以上の一般市民の中から選ばれた原則として6名の裁判員が，3名の正規の裁判官と共に裁判を行うという制度である。裁判員裁判の対象は一定の重罪事件（死刑もしくは無期懲役・禁固に当たる罪の場合や，1年以上の有期の懲役・禁固に当たる罪を犯し故意に被害者を死なせた場合）に限られ，そこでは全体の過半数によって判決が決められる。なお，ここでは最低1名の裁判官の同意がなくてはならない。裁判員は有罪か無罪かの決定のみならず量刑の決定も行う。そして，裁判員はその職責上，守秘義務を負う。同時に，裁判員を保護するための制度も設けられている。裁判員制度が憲法上許容されるか否かについては疑問も示されているが，最高裁判所によって合憲であるとする判決が下されている。

4　違憲審査制

違憲審査制とは，裁判所が法令を始めとする他の権力部門の行為についてその合憲性を審査し，判断を下す制度のことである。日本国憲法は81条で違憲審査権を最高裁判所に与えている。条文上からは下級裁判所も違憲審査権を持つ

か否かが問題となり得るが，下級裁判所も違憲審査権を有すると解されている。

　違憲審査制には，大きく分けて2つの類型がある。1つは抽象的審査制と呼ばれるもので，例としてはドイツが挙げられる。そこでは，違憲審査は通常の裁判所とは別に設置された特例の憲法裁判所によってなされる。また，違憲審査権の行使は必ずしも裁判に付随してなされるものではなく，抽象的に，争訟とは離れてなされる。

　もう1つは，具体的審査制（ないし付随的審査制）と呼ばれる制度であり，例としてはアメリカが挙げられる。この制度では，違憲審査は通常の裁判所によって，具体的な裁判の解決のためにその範囲内でなされる。両制度の間には，その機能の面においても違いが指摘される。すなわち，抽象的審査制は憲法秩序の維持に主眼点が置かれるが，具体的審査制は個人の権利の保障に主眼点が置かれるのである。日本国憲法の違憲審査制がどちらに分類されるのかが問題となるが，付随的審査制であると解されている。

　違憲審査の対象は，一切の法律，命令，規則，そして処分に及ぶとされる。ここに条約が含まれていないことから条約にも違憲審査が及ぶかどうかが問題となるが，判例はその余地を認めている。そして，違憲判決の効果については，あくまでもその事件に限られるものと解されている。

第8章

財　　政

第1節　財政に関する原則

1　財政民主主義

　国家を運営していくためには国民の提供する多額な資金が必要である。国家の財政のあり方は国政の方向と性格を規定する基盤であるとともに国民にとっても重大な関心事である（消費税増税問題など）。

　憲法は財政の定義を示す規定を置いていないが一般的に'財政'とは国家が存立を維持しその任務を行うために必要な財力を入手しこれを管理し使用する作用の総称をいう。この財政を国民の代表機関である議会の統制下に置くと言う原則が財政民主主義（財政立憲主義，財政国会中心主義）である。

　憲法83条は，「国の財政を処理する権限は国会の議決に基いてこれを行使しなければならない。」と規定し，1つの例外も認めず財政に関する国会コントロールを認めて徹底した財政民主主義によることを明確にし，さらに憲法84条以下においてさらに具体的に規定している。

2　租税法律主義

　憲法84条は，「あらたに租税を課し又は現行の租税を変更するには法律又は法律の定める条件によることを必要とする。」と規定しているが，これは財政民主主義の一般原則を具体化したものであり，租税の賦課や変更，公債の発行など国民の経済的負担となるものはすべて法律の形式によって議会の承認を得

なければならないという原則である。

租税とは，税金とも呼ばれ，国または地方公共団体がその課税権に基づいてその使用する経費を支弁するために国民から強制的に無償で徴収する財貨をいう。租税には負担金，手数料，専売物資の価格，国の独占事業の料金などを含むと見る広義説が通説であり，財政法3条は，「租税を除く外，国が国権に基いて収納する課徴金及び法律上又は事実上国の独占に属する事業における専売価格若しくは事業料金については，すべて法律又は国会の議決に基いて定めなければならない」と規定する。

租税法律主義は租税の賦課と徴収がともに法律で定められることを含んでいるが，これは，納税義務者課税物権，課税標準税率などの課税要件，あるいは税の賦課，納付，徴税の手続きも，国会の制定する法律により定められることを意味する（最大判昭和30年3月23日）。なお，課税に関して命令への委任も認められると解されるが，国民を拘束できないはずの通達による課税が問題となる。これに関して課税の法律上，従来非課税物権とされていたパチンコ球遊器が通達によって遊戯具にあたるとして課税された件で，最高裁判所は，「通達の内容が法の正しい解釈に合致するものである以上，本件課税処分は法の根拠に基づく処分と解する」として，違憲ではないとした（最判昭和58年3月28日）。

また，憲法84条でいう租税には，租税と同様に徴収される負担金（都市計画負担金，道路負担金など）や手数料（免許手数料，試験手数料など），国の独占事業の料金（郵便料金など）も含まれると解される。

3　国費の支出および国の債務負担

憲法83条に定める財政民主主義，財政国会中心主義の原則を支出の面で具体化する規定であると解される憲法85条は，「国費を支出し，又は国が債務を負担するには，国会の議決に基くことを必要とする」と規定する。議会の議決の方式は，国費の支出に関しては，憲法86条との関連上一般に予算と解されている。また，財政法上も予算によるものと規定している。

なお，憲法88条は皇室の経済に関する国会の権限について規定している。

(1) 国費の支出の議決

　国費の支出とは,「国の各般の需要を充たすための現金の支出」をいう（財政法2条1項)。支払の根拠が法令の規定に基づくもののほか, 私法上の契約に基づくものやその他の根拠に基づくものなども国費の支出に含まれる。例えば, 公務員への俸給の支給や売買契約に基づく代金の支払いあるいは損失補償や公債の発行なども含まれる。

　国費の支出が必要な行為は, 法律がこれを定める。またそれらに伴う支出については, 国会の議決による承認が必要である。そして, 国費の支出に対する国会の議決は, 法律の形式ではなく, 予算の形式で行われる。

(2) 国の債務負担行為の議決

　国の債務負担行為も, 国会の議決に基づかなければならない（憲法85条)。国の債務負担行為とは, 国が契約などにより一定の債務を負担することで, 国会の議決が必要な行為である。債務とは, 通常は金銭債務を意味する。債務支払保証や損失補償の承認なども債務の負担に含まれる。

　国の債務負担行為についても議会の議決を必要とするが, 憲法はその形式については, 特別の規定を設けておらず, 財政法にその定めを置く。つまり財政法15条は国の債務負担行為を「法律に基くもの又は歳出予算の金額……若しくは継続費の総額の範囲内におけるものの外, 国が債務を負担する行為」及び「災害復旧その他緊急の必要がある場合においては国は, ……債務を負担する行為」として予め予算をもって国会の議決を経なければならないと規定している。

　予算における債務を負担する行為のための議決を国庫債務負担行為という。

(3) 公費支出の制限

　憲法は財政処理の民主化のため憲法89条において,「公金その他の公の財産は, 宗教上の組織若しくは団体の使用, 便益若しくは維持のため, 又は公の支配に属しない慈善, 教育若しくは博愛の事業に対し, これを支出し又はその利用に供してはならない」と規定しているが, 本条前段は憲法20条の信教の自由の保障からの要請であり, 政教分離の原則を採用していることを示している。

宗教上の組織若しくは団体に対する公金支出財産供与の禁止は、政教分離に対する財政的な裏付けである。

公金の支出等が禁止される宗教上の組織若しくは団体は、宗教法人法上の宗教団体等に限定されるか否かについて、近年では、何らかの宗教上の事業ないし活動を目的する団体を指すと解されている。

また、公の支配に属しない慈善教育、博愛事業への公金支出、財産供与の禁止は公私の混同を防ぐための規定である。つまりこれらの事業は美名のもとに包括的な支出が容認されがちであること、そして、公権力の介入は、それら事業の自主性や独立性を害することにもなりかねないという配慮が働いたものと思われる。

教育団体に対する公金の支出について、私立学校法、私立学校振興助成法が私立学校に対して必要な助成をすることが、公の支配に当たるかどうかについて問題となる。私立学校法59条は、「別に法律で定めるところにより、学校法人に対し、私立学校教育に関し必要な助成をすることができる」と定めている。

学校教育事業が元来公の性質を有するものであり（教育基本法6条1項）、教育基本法等の規制によって既に公の支配が成立しており、問題はないと理解されるが異論も多い。

第2節　予　　　算

憲法86条は、「内閣は、毎会計年度の予算を作成し、国会に提出して、その審議を受け議決を経なければならない」と規定する。

予算とは、一会計年度における政府の収入と支出や債務負担などについての国の財政行為の準則であって、議会の議決と承認を得たものである。それに従って国の財政が運営される。

第8章 財　政

(1) 予算の性格

　予算は，一会計年度における歳入歳出の見積もりであるが，単なる見積もり表ではなく，政府の行為を規律する法規範である。歳入に関する部分は，その性質上法的拘束力を持たないが，歳出に関する部分は，関係国家機関の支出の準則として法的拘束力を持つ。

　予算の法的性格については，予算を独自の法形式と見るのか，法律の一種と見るのか学説が分かれるが，予算法形式と解するのが妥当である。すなわち，予算は法律ではないが，法律と並ぶ法的性格を持つが，政府を拘束するのみで直接に一般国民を拘束するものではない。

　予算の効力が一会計年度に限られ，内容的に計算のみを扱っていること，さらに，提出権が内閣に属すること，衆議院に先取権があること，衆議院の再議決権が認められていないことなどから多数説は，予算は法律と異なる独自の法形式であると解している。

　財政法13条は，国の会計を一般会計と特別会計に分ける。さらに，一般会計予算は，予算総則，歳入歳出予算，継続費，繰越明許費，国庫債務負担行為がある（同16条）。なお，予算が会計年度に成立しない場合に備えた暫定予算制度がある（同30条）。

(2) 予算の成立

　予算は内閣が作成して国会に提出する（憲法73条5号86条）。予算発議権は内閣の専権事項であり議員がこれを行うことはできない。予算の作成事務は財務大臣が主管し内閣が閣議にかけて決定する（財政法21条）。内閣総理大臣は内閣を代表して予算を国会に提出する（憲法72条）。

　内閣は予算を作成し，まず予算先議権のある衆議院に提出する（憲法60条1項）。

　予算は両議院で可決成立したときに成立する。予算の議決については衆議院の優越が認められている（憲法60条2項）。

　国会で予算の議決が成立すると内閣は，各省庁の長に対してその予算を執行させるために歳入歳出予算継続費および国庫負担行為を配賦する（財政法31条）。

173

(3) 暫定予算

現行憲法は，財政民主主義の原則を重視し，会計年度開始後に当該年度予算が執行していない場合に旧憲法下で採用していた前年度予算執行を認めていない。

財政法30条1項は，「内閣は，必要に応じて，一会計年度のうちの一定期間に係る暫定予算を作成し，これを国会に提出することができる」と規定し，財政法は暫定予算制度を用意している。

また，2項は，「暫定予算は，当該年度の予算が成立したときは，失効するものとし，暫定予算に基く支出又はこれに基く債務の負担があるときは，これを当該年度の予算に基いてなしたものとみなす」と規定する。つまり，暫定予算は当該年度の総予算成立までの，期間を区切って執行するものであり，効力も暫定的であり，後の総予算の成立により，失効し，暫定予算に基づいてすでになされた支出や債務負担は，後に成立した総予算に基づいてなされたものと看做されるのである。

(4) 予備費

憲法は，87条1項で，「予見し難い予算の不足に充てるため，国会の議決に基いて予備費を設け，内閣の責任でこれを支出することができる」と規定し，同時に同上2項で，「すべて予備費の支出については，内閣は，事後に国会の承諾を得なければならない」と規定する。

予算は一会計年度の収支の予測なので不測の事態によって予算外支出や予算超過支出が必要とする場合があり得る。そこで憲法は緊急の場合の事態に対処するために憲法86条の例外として予備費の制度を設けた。これを受けて財政法24条は「予見し難い予算の不足に充てるため，内閣は，予備費として相当と認める金額を，歳入歳出予算に計上することができる」としている。

予備費は，形式的には予算の一部であるが，予見しがたい予算の不測に充てるものであり，その支出については国会の事後承認を得なければならない。そして，予備費は財務大臣がこれを管理し（財政法35条），内閣の責任でこれを支出する（憲法87条1項）。予備費の支出権限は内閣に属するので，予備費を主出

した場合には，事後に国会の承諾を得る事になるのだが，国会の承認がえられない時は，内閣の政治的責任を生ずる。しかし，それにより，既になされた支出について法上の効果に対しての影響はない。

第3節　予算執行の監督

(1)　決　　算

　国の歳入・歳出は，予算の形式で国会の審議を経るが，実際それが適正に行われたかどうかを検討して予算の執行責任者である内閣の責任を明らかにするために，憲法90条1項で「国の収入支出の決算は，すべて毎年会計検査院がこれを検査し，内閣は，次の年度に，その検査報告とともに，これを国会に提出しなければならない」と定め，同条2項で「会計検査院の組織及び権限は，法律でこれを定める」と規定する。

　決算とは，会計年度における財務の実績を示す確定的係数を内容とする計算書をいう。財務大臣が作成し（財政法38条1項），内閣はこれを翌年度の11月30日までに会計検査院に送付する（財政法39条）。決算と会計検査院の審査報告は，衆議院・参議院の両議院に提出されるが，その議決や承諾を得なければならないものではなく，この国会への提出は報告案件のように扱われる。

(2)　財政状況の報告

　憲法91条は，「内閣は，国会及び国民に対し，定期に少くとも毎年一回，国の財政状況について報告しなければならない」と規定し，一般国民に他の財政に関する事項とともに報告する義務を負っている（憲法91条）。財政状況の報告を行うのは，主権者である国民に対する配慮であると考えられる。また，財政法46条は，「内閣は，予算が成立したときは，直ちに予算，前前年度の歳入歳出決算並びに公債，借入金及び国有財産の現在高その他財政に関する一般の事項について，印刷物，講演その他適当な方法で国民に報告しなければならない」と具体的な報告方法について規定している。

第9章

地方自治

第1節　地方自治の基本原理

1　地方自治の本質

　地方の固有文化を保存したり，住民の自発的，創造的エネルギーを蓄積・発揮するために，地方自治制度がある。また，中央政府の権力の強大化を抑制して，権力を地方に分散させ，権力の濫用から少数者や個人を守る機能も持つ。

　また，「地方自治は民主主義の学校である」というブライス（James Bryce, 1838-1922）の有名な言葉は，この地方自治こそが民主主義国家の基礎であり，地方の政治は地方の住民自らの意思と責任で行わなければならないということを意味する。

　日本国憲法は，地方自治に関して第8章を設け，4カ条の規定を置く。つまり，「地方自治の本旨」に基づく地方自治の尊重に関する92条，地方公共団体の首長及び議会の議員などの公選制に関する93条2項，地方公共団体の自治行政権，自治財政権及び自治立法権の保障に関する94条，そして，地方自治特別法の制定についての住民投票に関する95条である。

　ところで，憲法に保障される地方自治権の性格については，以下の学説がある。つまり，①地方公共団体が持つ地方自治権は，前国家的な権利として，地方公共団体の固有かつ不可侵の権利であるとする固有権説，②地方自治権は，国の統治権に由来し，国家主権の一部が国の立法により譲渡されたにすぎないとする伝来説，③憲法が保障する地方自治制は，歴史的，伝統的に確立された

制度であり，地方自治権の本質的内容は国の立法によっても侵害されないとする制度的保障説である。③の制度的保障説が有力である。

2 地方自治の本旨

憲法92条は，地方自治の原則として，「地方公共団体の組織及び運営に関する事項は，地方自治の本旨に基いて，法律でこれを定める」と規定している。

この「地方自治の本旨」とは，地方自治の理念や意義を意味するが，その内容は，第1に，地方が1つの団体として国から独立した法人格を持ち，自律権を持ち，その団体がみずからの意思と責任の下で行うという「団体自治」を行う。94条に規定する各種の権能は，この団体自治の原則を保障したものである。第2に，地方の政治や行政は，その地方の住民の意思に従って行われるという，「住民自治」が保障されることであり，憲法93条は，住民の直接選挙により地方公共団体の首長・議会の議員を選出する旨を定める。

第2節 地方公共団体の意義および組織

1 地方公共団体の意義

憲法92条における地方公共団体の定義は明確ではなく，法律でこれを定める。地方自治法は，地方公共団体を普通地方公共団体と特別地方公共団体に分け，普通地方公共団体として，都道府県及び市町村を挙げ，特別地方公共団体として特別区（都のみに置かれる特別地方公共団体であるが，都が処理する業務以外の部分では市に準じる），地方公共団体の組合及び財産区を挙げている（地方自治法1条の3）。

これら全てが憲法上の地方公共団体を指すのではなく，都道府県および市町村たる普通地方公共団体が憲法にいう地方公共団体である。

また，地方自治法において，地方公共団体は，基礎的地方公共団体（市町村と特別区が該当）と，包括的地方公共団体（あるいは，広域的地方公共団体。都道府

県が該当）に分けられる。なお，地方公共団体は法人格を有する（地方自治法2条1項）。

　憲法における地方公共団体の範囲について，学説は分かれているが，憲法上の地方公共団体は，地方自治法上の地方公共団体のうち都道府県と市町村（普通地方公共団体）を指しているものとするのが，通説的見解である。

　憲法は地方公共団体の組織及び運営に関する事項について，「地方自治の本旨に基づき，法令で定める」と規定しており（憲法92条），普通地方公共団体の組織や運営に関する事項は地方自治法等の法令によって定められている。

　最高裁は，東京都の特別区が憲法上の地方公共団体に該当するか否かが争われた事件において，「憲法が特に一章を設けて地方自治を保障するにいたつた所以のものは，新憲法の基調とする政治民主化の一環として，住民の日常生活に密接な関連をもつ公共的事務は，その地方の住民の手でその住民の団体が主体となつて処理する政治形態を保障せんとする趣旨」であるとし，この趣旨から憲法上の地方公共団体とは，「単に法律で地方公共団体として取り扱われているということだけでは足らず，事実上住民が経済的文化的に密接な共同生活を営み，共同体意識をもつているという社会的基盤が存在し，沿革的にみても，また現実の行政の上においても，相当程度の自主立法権，自主行政権，自主財政権等地方自治の基本的権能を附与された地域団体であること」が必要であるとした。その上で，特別区はこの基準に該当せず，特別区の首長公選制を廃止した昭和27年の地方自治法改正は憲法93条1項違反ではないと判示した（最大判昭和38年3月27日）。

2　地方公共団体の首長

　地方公共団体の首長は，住民による直接選挙により選出され（憲法93条2項），都道府県に知事を，市町村に市町村長を置く（地方自治法139条）。被選挙権は，都道府県知事については，年齢満30年以上，市町村長については，年齢満25年以上の国民から選出される（公職選挙法10条）。任期は共に4年である（地方自治法140条1項）。また，両者とも，衆議院議員又は参議院議員，あるいは，地方

公共団体の議会の議員並びに常勤の職員及び短時間勤務職員との兼職・兼業が禁止されている（地方自治法141条）。

　普通地方公共団体の長は，当該普通地方公共団体を統轄し，これを代表する（地方自治法147条）。また，当該普通地方公共団体の事務を管理し及びこれを執行する（同148条）。首長の担任する事務は，普通地方公共団体の議会の議決を経るべき事件につきその議案を提出すること，予算を調整し，及びこれを執行すること，地方税を賦課徴収し，分担金，使用料，加入金又は手数料を徴収し，及び過料を科すること，決算を普通地方公共団体の議会の認定に付すること，会計を監督すること，財産を取得し，管理し，及び処分すること，公の施設を設置し，管理し，及び廃止すること，証書及び公文書類を保管すること等である（地方自治法149条）。

　なお，首長の補助機関として，都道府県に副知事，市町村に副市町村長（161条），それぞれに，会計管理者（168条）及び職員を置く（172条）。

3　地方公共団体の議会

　憲法上の地方公共団体である都道府県及び市町村には，議事機関として議会が設置される（憲法93条1項，地方自治法89条）。

　議会の議員は，住民が直接選挙する（憲法93条2項，地方自治法11条）。

　都道府県・市町村における議会の議員の定数は，地方自治法上，地方公共団体の人口により法定され，条例で定める（地方自治法90条，91条）。議員の任期は4年であり（地方自治法96条），議員は，衆議院議員又は参議院議員と，地方公共団体常勤職員・短時間勤務職員等と兼業・兼職が禁止されている（地方自治法92条，92条の2）。

　地方公共団体の議会は，住民の代表機関としての資格を有し，首長とは独立・対等の関係に立っている。議会は，条例の制定・改廃，・予算の決定，決算の認定などの重要事項に関する議決権（地方自治法96条）以外にも，執行機関の事務の管理・執行の検査権（地方自治法98条），事務に関する調査権（地方自治法100条）などの広範な権限を持つ。

議会の組織としては，議長，副議長が各々1名置かれ（地方自治法103条），条例による常任委員会，特別委員会を設置することができる（地方自治法109条，110条）。なお，議会の代わりに，町村は，選挙権を有する住民により構成される常会を設置することができる（地方自治法94条）。

4　首長と議会との関係

憲法は，地方公共団体の主要な機関として，執行機関としての首長と議事機関としての議会を設置しており，各々住民の直接選挙によって選出する。議員から首長が選出される議院内閣制とは異なり，地方公共団体の首長と議員の兼職は禁止されている。行政の長と議員はその意味で，対等な立場で有権者を代表している。

地方公共団体の首長は，議会における条例の制定・改廃または予算の議決について異議があるときには，その議決の日（条例の制定若しくは改廃又は予算に関する議決については，その送付を受けた日）から10日以内に理由を示してこれを再議に付することができる（地方自治法176条1項）。

地方公共団体の議会は，首長に対して，通常，主席議員の4分の3以上の同意により不信任決議を行うことができる。これに対して，首長は，期間内に解散権を行使しないとき，または，解散後初めての議会において出席議員の過半数の同意により再び不信任議決があったときは，職を失う（地方自治法178条）。

第3節　地方公共団体の権能

(1)　自治行政権－地方公共団体の事務

憲法94条は，「地方公共団体は，その財産を管理し，事務を処理し，及び行政を執行する権能を有」すると定める。

この規定は，地方自治の本旨を実現するために，団体自治の原理を具体化し，地方公共団体の有する主要な権能を示したものである。地方公共団体が処理す

る事務には，自治事務と法定受託事務がある。地方分権の推進を図るための関係法律の整備等に関する法律（以下，地方分権一括法と略称）により，機関委任事務とその他の従来からの事務区分が廃止され，代わりに，地方公共団体の事務は，法定受託事務と自治事務に再編成された。

① 自　治　事　務

自治事務とは，地方公共団体が処理する事務のうち，法定受託事務以外のものをいう（地方自治法2条8項）。つまり，地方公共団体は，地域における事務及びその他の事務で法律又はこれに基づく政令により処理することとされるものを処理する（2条2項）が，このうち法定受託事務を除いたものが自治事務である。自治事務は，地方公共団体が自己の権限と責任において，地域の要請に応じて自主的に処理する事務をいう。

地方分権一括法により，地方自治法が改正され，国・都道府県・市町村は対等な関係になり，国と都道府県及び市町村との役割が明確にされた（地方自治法1条の2）。

国の都道府県及び市町村に対する関与，又は都道府県の市町村に対する関与についてはできるだけ排除されており，特に自治事務に対する地方自治法に基づく関与（普通地方公共団体の事務の処理に関し，国の行政機関又は都道府県の機関が行う行為）は，助言・勧告，資料の提出の要求，是正の要求，同意許可，認可又は承認，指示，代執行，普通地方公共団体との協議等に限定される（地方自治法245条）。また，法律又はこれに基づく政令により処理することとされる事務が，自治事務である場合においては，国は，地方公共団体が地域の特性に応じて当該事務を処理することができるよう特に配慮しなければならないとされる（地方自治法2条13項）。

② 法定受託事務

法定受託事務とは，次の2種類の事務をいう（2条9項）。第一号法定受託事務は，法律又はこれに基づく政令により都道府県，市町村又は特別区が処理することとされる事務のうち，国が本来果たすべき役割に係るものであつて，国においてその適正な処理を特に確保する必要があるものとして法律又はこれに

基づく政令に特に定めるものをいう。第二号法定受託事務は，法律又はこれに基づく政令により市町村又は特別区が処理することとされる事務のうち，都道府県が本来果たすべき役割に係るものであつて，都道府県においてその適正な処理を特に確保する必要があるものとして法律又はこれに基づく政令に特に定めるものをいう。第一号法定受託事務の例としては，国政選挙，旅券交付，生活保護，国道管理，戸籍事務等がある（地方自治法　別表第1参照）。第二号法定受託事務の例としては，都道府県議会選挙・知事選挙に関し，市町村が処理することとされている事務等がある（地方自治法　別表第2参照）。

　法定受託事務については，できる限り新たに設けることのないようにするとともに，法定受託事務とされているものについても，地方分権を推進する観点から検討を加え，適宜，適切な見直しを行うものとするとされている（地方分権一括法附則250条）。

(2) 自主立法権－条例制定権

　憲法94条は，「法律の範囲内で条例を制定することができる」と規定し，地方公共団体の条例制定権を認める。条例には，地方公共団体の議会が制定する狭義の条例（地方自治法96条1項）だけではなく，地方公共団体の長の制定する規則（同15条1項），普通地方公共団体の委員会の制定する規則（同138条の4第2項）も含まれる。

　地方公共団体の条例制定権の根拠は，法律によるものではなく，直接に憲法94条によって与えられたものであるから，条例の制定には，個々の法律の授権・委任は必要とされない。

　地方公共団体は，法令に違反しない限りにおいて，地域における事務及びその他の事務で法律又はこれに基づく政令により処理することとされる事務に関し，条例を制定することができる（地方自治法14条1項）。

　憲法上，法律により定める事項と関連して，条例制定権の限界が問題となる。第1に，条例制定権は，地方の政治を規律するために認められたものであり，自治事務に限られるという限界がある。これに関しては，①憲法29条2項との関連で，財産権は法律によらず条例によりその内容を制限できるかという問題

がある。通説は，財産権が公共のために制限できる経済的自由であること，そして，条例は住民の代表機関である地方議会が制定する民主的立法であり，法律に準じる性質を持つので，条例による制限は可能であると解される。最高裁は，災害防止の見地から，公共の福祉の見地から条例による財産権の制限は許容されると判示している（奈良県ため池条例事件，最大昭和38年6月26日）。②条例により罰則規定を設ける事は可能だが（地方自治法御14条5項），これは罪刑法定主義（憲法31条）に反するか否かという問題がある。学説は肯定的に見るが，最高裁も「条例によって刑罰を定める場合には，法律の授権が相当な程度に具体的であり，限定されていればたりると解するのが正当である」と肯定的に判示している（最大昭和37年月30日）。

　第2に，地方税を条例で定めることは，租税法律主義（憲法84条）に反しないか否かについて，地方公共団体が，団体自治の理念を実現するには，財政基盤の確立が必要であり，このために地方税を賦課・徴収する権限が認められると解される。

　第3に，条例制定権の法令による限界である。憲法94条は，「法律の範囲内で」条例を制定することができると規定しているが，条例は効力の点で法律・命令に劣り，法律に抵触する条例は無効となる。しかし，地方自治法14条1項によれば，「法令に反しない限りにおいて」条例を制定することができるが，上乗せ条例（法令で定める規制基準よりも厳しい基準を定める条例）や，横出し条例（法令の規制対象外事項について規制を行う条例）は適法か否かが問題となる。

　これについて，法律の趣旨から，地方の実情に応じて別段の規制を求める「上乗せ条例」は適法であると解される。また，「横出し条例」も，大気汚染防止法などでは，規制目的と対象の観点が異なれば認めている。

(3) 自治財政権

　自治財政権とは，地方公共団体がその自治権に基づいて，その事務を処理するために必要な財源を調達し・管理する権能をいい，その内容は，財政権力作用と財政管理作用の2つである。

　憲法30条および84条は，租税法律主義を定めるが，憲法94条の条例制定権を

根拠に，地方公共団体に課税権が認められる。地方自治法は，「普通地方公共団体は，法律の定めるところにより，地方税を賦課徴収することができる」と規定し（地方自治法223条），地方税法2条が，「地方団体は，この法律の定めるところによつて，地方税を賦課徴収することができる」と規定し，そして，「地方団体は，その地方税の税目，課税客体，課税標準，税率その他賦課徴収について定をするには，当該地方団体の条例によらなければならない」（同3条1項）と規定している。

条例違反にたいする制裁として，罰則を設けることができるか否かについて，条例が自主法である以上罰則を設けることは当然と解されている。地方自治法14条3項は，「普通地方公共団体は，法令に特別の定めがあるものを除くほか，その条例中に，条例に違反した者に対し，2年以下の懲役若しくは禁錮，100万円以下の罰金，拘留，科料若しくは没収の刑又は5万円以下の過料を科する旨の規定を設けることができる」と規定する。これは，地方公共団体の課税権を確認し，刑罰の最高限度を定めたものと解される。さらに，地方自治法15条2項は，「普通地方公共団体の長は，法令に特別の定めがあるものを除くほか，普通地方公共団体の規則中に，規則に違反した者に対し，5円以下の過料を科する旨の規定を設けることができる」と規定する。

第4節　住民の政治参加の仕組み

(1) 地方自治特別法

法律は，原則として，国会の単独の議決で成立する（憲法59条1項）。憲法95条は，この原則の例外として，国会がある地方公共団体にのみ利害関係がある事項について立法を行うとき（地方自治特別立法），両議院の議決に加えて，住民投票で過半数の同意を得ることを法律成立の要件としている。立法手続きの詳細は，地方自治法第261条に規定されている。

内閣は，この地方自治特別立法とは，「特定の地方公共団体の組織・権能・

運営に関する基本的事項について，一般の地方公共団体と異なった取扱いをする法律」であるとする見解を示しており，憲法95条は，特定の地方公共団体の本質に関わるような不平等・不利益な特例を防止する趣旨であると解されている。

住民投票を経た特別法は，過去に19例ある。例えば，広島平和記念都市建設法（昭和24年），首都建設法（昭和25年），京都国際文化観光都市建設法案（昭和25年）軽井沢国際親善文化観光都市建設法（昭和26年）などがあるが，このような建設法は，地域振興のため国の援助を引き出そうとする議員立法であったといわれ，行われた住民投票は，法案がいずれも地方自治体に財政的優遇措置を与えるものであったため，全て賛成多数によって成立している。

(2) **直接請求**

地方政治では，住民自治の原則に従って，直接請求の制度を幅広く採用している。

地方自治法は，地方公共団体の住民に対して，有権者総数の50分の1以上の連署により，①条例の制定・改廃請求（地方自治法12条1項，74条-74条の4），②事務の監査請求（同12条2項，75条）ができる。

また，有権者総数の3分の1以上の連署により，③地方議会の解散請求（同13条1項，76条），④議員，首長，副知事・副市町村長・選挙管理委員・監査委員・公安委員会の委員役員の解職請求をすることができる（同80条，81条，86条）。

また，住民は，当該普通地方公共団体の長・委員会・委員・職員について，違法・不当な公金の支出，財産の取得，管理・処分，契約の締結・履行・債務その他の義務の負担があると認めるとき，または違法・不当に公金の賦課・徴収・財産の管理を怠る事実があると認めるときには，住民監査請求を行うことができる（地方自治法242条）。さらに，この監査請求に不服のあるときは，住民訴訟を提起することができる（同242条の2）。

参 考 文 献

池村正道・大木三郎編著『法学と憲法』1996年　八千代出版
森泉章編『法学（第4版）』2006年　有斐閣
小林弘人ほか編著『法学・憲法（第2版補訂版）』2006年　有斐閣
伊藤正己・加藤一郎編『現代法学入門（第4版）』2005年　有斐閣
高梨公之『法学（全訂版）』1965年　八千代出版
中川善之助『法学』1966年　日本評論社
抱喜久雄編『新・初めての法学（第2版）』2005年　法律文化社
最高裁判所編『裁判員ブックレット』2005年　最高裁判所
茂野隆晴編著『プライマリー法学』2008年　芦書房
池田真朗ほか『法の世界へ（第4版補訂）』2007年　有斐閣
初宿正典・辻村みよ子　編『新　解説世界憲法集　第2版』2010年　三省堂
芦部信喜著＝高橋和之補訂『憲法（第5版）』2011年　岩波書店
伊藤正己著『憲法入門〔第4版補訂版（第3版）〕』2006年　有斐閣
佐藤幸治著『憲法〔第3版〕』1995年　青林書院
辻村みよ子『憲法〔第4版〕』2012年　日本評論社
樋口陽一『比較憲法〔全訂第3版〕』1992年　青林書院
野中俊彦ほか『憲法Ⅰ〔第5版〕』2012年　有斐閣
高橋和之『立憲主義と日本国憲法〔第2版〕』2010年　有斐閣

なお，参考文献はその他多数存在するが，紙面の関係上，編者の判断により割愛した。

索　引

〔あ行〕

意思主体 ———————— 42
囲繞 ———————————— 49
為政者 ———————————— 79
一事不再理の原則 ———— 147
一般慣行 ———————————— 37
委任 ———————————— 183
毀滅 ———————————— 16
淵源 ———————————— 86

〔か行〕

外患誘致罪 ———————— 52
解釈規定 ———————————— 68
蓋然性 ———————————— 21
海難 ———————————— 63
下位法 ———————————— 61
確認規定 ———————————— 129
各般 ———————————— 171
華族 ———————————— 99
寡頭制 ———————————— 78
科料 ———————————————— 8
過料 ———————————— 22
慣習法 ———————————— 4
偽計 ———————————— 146
起草 ———————————— 96
享有 ———————————— 135
空文化 ———————————— 125
経済統制法 ———————— 148
形式的法治主義 —————— 13

〔さ行〕

刑事免責 ———————————— 152
係争 ———————————— 46
恵沢 ———————————— 106
刑罰法律主義 ———————— 145
血統主義 ———————————— 140
欠缺 ———————————— 16, 133
権能 ———————————— 160
甲案 ———————————— 102
合議制 ———————————— 161
拘禁 ———————————— 153
高権 ———————————— 77
硬性憲法 ———————————— 93
公訴時効 ———————————— 60
属人主義 ———————————— 62
国体明徴運動 ———————— 74
国民国家論 ———————————— 54
御璽 ———————————— 59
護持 ———————————— 99

〔さ行〕

裁可 ———————————— 98, 158
罪刑法定主義 ———————— 71
財産区 ———————————— 178
参審制 ———————————— 166
恣意的 ———————————— 12
諮詢 ———————————— 103
自然権 ———————————— 136
自然的情愛 ———————— 139
違う ———————————— 76
自同性 ———————————— 78

189

支弁	170
指名債権譲渡	68
借地借家法	68
習慣法	29
宗教規範	20
衆愚制	78
私有財産制度	148
習俗規範	20
受益権	149
主管	173
授権	183
出訴	98
準婚的効果	49
準司法的権限	162
準則	76
準立法的権限	162
障礙	100
上告受理申立理由	50
上告申立理由	50
詔勅	106, 123
掌理	163
信義誠実の原則	26
信託	112
信託統治領	85
枢密院	103
制定法	4, 72
成文法	90
生命刑	22
責任原理	150
接受	120
絶対無制約	137
前国家的	177
専主制	78

専制	112
専制領域	89
専断的権力	12
選定	154
贓物罪	16
総攬	98
遡及効	60
属地主義	62
租税の賦課	169
租税法律主義	156
素養	79
尊重報恩	139

〔た行〕

大赦	120
拿捕	133
他律主義	79
弾劾裁判権	157
摘出子	140
仲裁	8
勅書	103
抵触	80
低潮線	61
天賦人権論	90
統治服従	76
特赦	120
特許企業	147
特恵的	142

〔は行〕

配賦	173
破棄差戻	131
被治者	79

非摘出子 ---------- 140
罷免 ---------- 154
飛躍上告先 ---------- 131
表決 ---------- 71
評決 ---------- 161
誣告罪 ---------- 16
不作為請求権 ---------- 141
付属法規 ---------- 68
不能犯 ---------- 34
便宜借用 ---------- 104
変更公債 ---------- 169
片務的最恵国待遇 ---------- 95
法益 ---------- 138
法規万能主義 ---------- 48
法人類学 ---------- 5
法的安全性 ---------- 11
法的確信 ---------- 37
法的三段論法 ---------- 66
法律上の争訟 ---------- 65
法理論学 ---------- 5
傍論 ---------- 154

〔ま行〕

未決拘禁 ---------- 136
民事免責 ---------- 152
民兵組織 ---------- 130
無人所 ---------- 162
目的論的解釈 ---------- 42

〔や行〕

有形力 ---------- 142
拘留 ---------- 8
抑留 ---------- 153

〔ら行〕

利益衡量論 ---------- 72
立脚 ---------- 135
良心の呵責 ---------- 32
臨検 ---------- 133
倫理規範 ---------- 20
連署 ---------- 59
労役場留置者 ---------- 136

編著者・各執筆者一覧

【編著者】

新田　浩司（にった　ひろし）
高崎経済大学地域政策学部教授
〔第1部　法学総論〕第1章　法学を学ぶにあたって　第1節　法学教育上の法学の分類　第2節　社会の中の人間と法　第3節　法学を学ぶ者の使命　第4節　「あるべき法」の確立
〔第2部　憲法〕第1章　憲法とは何か　第1節　憲法の意味　第2節　立憲主義　第3節　憲法保障　第8章　財政　第1節　財政に関する原則　第2節　予算　第3節　予算執行の監督　第9章　地方自治　第1節　地方自治の基本原理　第2節　地方公共団体の組織　第3節　地方公共団体の権能　担当

金光　寛之（かねみつ　ひろゆき）
高崎経済大学地域政策学部准教授
〔第1部　法学総論〕第2章　法とは何か　第1節　法と社会生活　第4節　法の目的　第5節　法の淵源　第3章　法の適用　第3節　法の解釈　担当

【著者】

高乗　智之（たかのり　ともゆき）
高岡法科大学法学部准教授
〔第1部　法学総論〕第2章　法とは何か　第2節　法と他の社会規範
〔第2部　憲法〕第6章　基本的人権　第1節　人権総論　第2節　自由権　第3節　社会権　第4節　国務請求権　第5節　参政権　第6節　国民の義務　担当

編著者・各執筆者一覧

成瀬　トーマス　誠（なるせ　トーマス　まこと）
フェリス女学院大学国際交流学部講師
〔第1部　法学総論〕　第2章　法とは何か　第3節　法の種類
〔第2部　憲法〕　第7章　統治機関　第1節　国会　第2節　内閣　第3節　裁判所　担当

髙澤　弘明（たかざわ　ひろあき）
日本大学生産工学部助教
〔第1部　法学総論〕　第3章　法の適用　第1節　法の効力
〔第2部　憲法〕　第5章　国家の安全保障　第1節　憲法前文と平和主義　第2節　戦争放棄－憲法9条の解釈　担当

杉山　幸一（すぎやま　こういち）
八戸学院大学ビジネス学部専任講師
〔第1部　法学総論〕　第3章　法の適用　第2節　法と裁判
〔第2部　憲法〕　第4章　天皇　第1節　天皇の地位と皇位継承　第2節　天皇の権能　担当

鈴木　陽子（すずき　ようこ）
武蔵野学院大学国際コミュニケーション学部准教授
〔第1部　法学総論〕　第4章　国家　第1節　国家とは何か　第2節　国家の構成要素　第3節　国家の形態
〔第2部　憲法〕　第2章　日本国憲法の制定過程　第1節　大日本国憲法　第2節　日本国憲法の制定過程　第3章　日本国憲法の基本原理　第1節　日本国憲法の前文　第2節　日本国憲法の基本原理　担当

編著者との契約により検印省略

平成25年4月15日 初版第1刷発行	ファンダメンタル 法学・憲法

編 著 者	新 田 浩 司 金 光 寛 之
発 行 者	大 坪 嘉 春
印 刷 所	税経印刷株式会社
製 本 所	株式会社 三森製本所

発 行 所	〒161-0033 東京都新宿区 下落合2丁目5番13号	株式 会社 税務経理協会
	振 替 00190-2-187408 FAX (03)3565-3391	電話 (03)3953-3301（編集部） 　　 (03)3953-3325（営業部）

URL http://www.zeikei.co.jp/
乱丁・落丁の場合は，お取替えいたします。

© 新田浩司・金光寛之 2013　　　　　　　　　　Printed in Japan

本書を無断で複写複製（コピー）することは，著作権法上の例外を除き，禁じられています。
本書をコピーされる場合は，事前に日本複製権センター（JRRC）の許諾を受けてください。
JRRC〈http://www.jrrc.or.jp　eメール：info@jrrc.or.jp　電話：03-3401-2382〉

ISBN978-4-419-05958-3　C3032